中华精神家园

汉语之魂

汉语源流

汉字汉语与文章体类

肖东发 主编　高宇飞 编著

中国出版集团

现代出版社

图书在版编目（CIP）数据

汉语源流 / 高宇飞编著. — 北京：现代出版社，
2014.10（2021.7重印）
（中华精神家园书系）
ISBN 978-7-5143-2964-3

Ⅰ．①汉… Ⅱ．①高… Ⅲ．①汉字－字源 Ⅳ．
①H12

中国版本图书馆CIP数据核字(2014)第236513号

汉语源流：汉字汉语与文章体类

主　　编：肖东发
作　　者：高宇飞
责任编辑：王敬一
出版发行：现代出版社
通信地址：北京市定安门外安华里504号
邮政编码：100011
电　　话：010-64267325 64245264（传真）
网　　址：www.1980xd.com
电子邮箱：xiandai@cnpitc.com.cn
印　　刷：三河市嵩川印刷有限公司
开　　本：710mm×1000mm　1/16
印　　张：11
版　　次：2015年4月第1版　2021年7月第3次印刷
书　　号：ISBN 978-7-5143-2964-3
定　　价：40.00元

党的十八大报告指出："文化是民族的血脉，是人民的精神家园。全面建成小康社会，实现中华民族伟大复兴，必须推动社会主义文化大发展大繁荣，兴起社会主义文化建设新高潮，提高国家文化软实力，发挥文化引领风尚、教育人民、服务社会、推动发展的作用。"

我国经过改革开放的历程，推进了民族振兴、国家富强、人民幸福的中国梦，推进了伟大复兴的历史进程。文化是立国之根，实现中国梦也是我国文化实现伟大复兴的过程，并最终体现为文化的发展繁荣。习近平指出，博大精深的中国优秀传统文化是我们在世界文化激荡中站稳脚跟的根基。中华文化源远流长，积淀着中华民族最深层的精神追求，代表着中华民族独特的精神标识，为中华民族生生不息、发展壮大提供了丰厚滋养。我们要认识中华文化的独特创造、价值理念、鲜明特色，增强文化自信和价值自信。

如今，我们正处在改革开放攻坚和经济发展的转型时期，面对世界各国形形色色的文化现象，面对各种眼花缭乱的现代传媒，我们要坚持文化自信，古为今用、洋为中用、推陈出新，有鉴别地加以对待，有扬弃地予以继承，传承和升华中华优秀传统文化，发展中国特色社会主义文化，增强国家文化软实力。

浩浩历史长河，熊熊文明薪火，中华文化源远流长，滚滚黄河、滔滔长江，是最直接的源头，这两大文化浪涛经过千百年冲刷洗礼和不断交流、融合以及沉淀，最终形成了求同存异、兼收并蓄的辉煌灿烂的中华文明，也是世界上唯一绵延不绝而从没中断的古老文化，并始终充满了生机与活力。

中华文化曾是东方文化摇篮，也是推动世界文明不断前行的动力之一。早在500年前，中华文化的四大发明催生了欧洲文艺复兴运动和地理大发现。中国四大发明先后传到西方，对于促进西方工业社会的形成和发展，曾起到了重要作用。

中华文化的力量，已经深深熔铸到我们的生命力、创造力和凝聚力中，是我们民族的基因。中华民族的精神，也已深深植根于绵延数千年的优秀文化传统之中，是我们的精神家园。

总之，中华文化博大精深，是中国各族人民五千年来创造、传承下来的物质文明和精神文明的总和，其内容包罗万象，浩若星汉，具有很强的文化纵深，蕴含丰富宝藏。我们要实现中华文化伟大复兴，首先要站在传统文化前沿，薪火相传，一脉相承，弘扬和发展五千年来优秀的、光明的、先进的、科学的、文明的和自豪的文化现象，融合古今中外一切文化精华，构建具有中国特色的现代民族文化，向世界和未来展示中华民族的文化力量、文化价值、文化形态与文化风采。

为此，在有关专家指导下，我们收集整理了大量古今资料和最新研究成果，特别编撰了本套大型书系。主要包括独具特色的语言文字、浩如烟海的文化典籍、名扬世界的科技工艺、异彩纷呈的文学艺术、充满智慧的中国哲学、完备而深刻的伦理道德、古风古韵的建筑遗存、深具内涵的自然名胜、悠久传承的历史文明，还有各具特色又相互交融的地域文化和民族文化等，充分显示了中华民族的厚重文化底蕴和强大民族凝聚力，具有极强的系统性、广博性和规模性。

本套书系的特点是全景展现，纵横捭阖，内容采取讲故事的方式进行叙述，语言通俗，明白晓畅，图文并茂，形象直观，古风古韵，格调高雅，具有很强的可读性、欣赏性、知识性和延伸性，能够让广大读者全面接触和感受中国文化的丰富内涵，增强中华儿女民族自尊心和文化自豪感，并能很好继承和弘扬中国文化，创造未来中国特色的先进民族文化。

2014年4月18日

活的象形——汉字

艺术短语——熟语

鲜明特色——词汇

多姿多彩——文体

汉字

在远古时期，华夏先人长期使用口语交流，但日益增长的物资和生活条件的改善以及人们社会活动的增加，口语交流已经不能满足保存或传递信息的要求。在先人的不懈努力下，汉字最终突破时间和空间限制，从口语中脱颖而出，人们逐渐学会用简单文字记录生产生活中的事情。

随着时间的推移，文字和书面语开始丰富起来，人们可以用文字完整地记录事件或表达思想感情了。汉字的形成和完善经历了漫长的实践过程，华夏民族也由此进入了文明社会。汉字是华夏文明的主要载体，也是华夏的文明符号，它经过了漫长的演变，最后形成了一套完整的文字体系，承载着中华民族五千年的文明史。

千古漫漫的汉字演变史

华夏始祖黄帝在统治中原大地时期，天下太平，百姓和睦，家家安居乐业，人人幸福安康。那个时候，黄帝手下有一个叫仓颉的人，为人踏实，黄帝就分派他专门管理部落里的牲口和仓储。

仓颉这人挺聪明，做事又尽力尽心，他很快熟悉了所管的牲口和食物。对这些牲口和食物，他了然于胸，无论谁问起来，都不会出差错。可慢慢地，牲口、食物的储藏在逐渐增加、变化，光凭脑袋记不住了。当时又没有文字，更没有纸和笔。怎么办呢？仓颉犯难了。

仓颉整日整夜地想办法，他在绳子上打结，用不同颜色的绳子，表示不

仓颉画像

■仓颉造字浮雕

同的牲口、食物，用绳子打的结代表每个数目。但时间一长久，就不奏效了。这增加的数目在绳子上打个结很方便，而减少数目时，在绳子上解除一个结就麻烦了。

仓颉又想到了在绳子上打圈圈，在圈子里挂上各式各样的贝壳，来代替他所管的东西。增加了就添一个贝壳，减少了就去掉一个贝壳。这种方法挺奏效，一连用了几年。

黄帝见仓颉这样能干，让他管的事情愈来愈多，如年年祭祀的次数，每次狩猎的分配，部落人丁的增减。仓颉又犯难了，凭着添绳子、挂贝壳无法应付这些事务了。这该如何是好呢？

这天，他参加集体狩猎，走到一个三岔路口时，几个老人为往哪条路走争辩起来。一个老人坚持要往

中原 是指以河南为核心，延及黄河中下游的广大地区，这一地区是中华文明的发源地之一，被古代华夏民族视为天下中心。古时，也常将这一地区称为"中国""中土"或"中州"等。

东，说有羚羊；一个老人要往北，说前面不远可以追到鹿群；一个老人偏要往西，说有两只老虎，不及时打死，就会错过了机会。

仓颉一问，原来他们都是看着地下野兽的脚印才认定的。仓颉心中猛然一喜：既然一个脚印代表一种野兽，我为什么不能用一种符号来表示我所管的一种东西呢？他高兴地拔腿飞奔回家，开始创造各种符号来表示事物。比如仓库里储存着一头鹿，仓颉就画一个鹿角表示出来。如果储存着一匹马，就画出一匹马的形状。如果是稻米，就画两片叶子，中间点几个点表示稻穗。以此类推，符号创造出来了，仓颉利用这些符号把事情管理得头头是道。

黄帝知道后，大加赞赏，他命令仓颉到各个部落去传授这种管理方法。渐渐地，这些符号的用法在各部落推广开了。而这些符号渐渐就形成了文字。汉字就是在仓颉所发明的"文字"的基础上形成的。

仓颉发明文字后，又经过了若干年进入了商朝时期。商代崇尚迷信，凡祭祀、捕猎等常用龟甲兽骨占卜吉凶，并在其上刻写占卜时日、占卜者的名字、所

■ 仓颉造字塑像

占卜 古代人们借助龟壳、铜钱、竹签等物品来推断未来吉凶祸福的一种手法。由于古代原始民族对于事物的发展缺乏足够的认识，因而借助自然界的征兆来指示行动。但自然征兆并不常见，必须以人为的方式加以考验，占卜的方法便随之产生了。

占卜的事情和占卜结果等，推动了汉字的发展。

刻在这些龟甲兽骨上面的文字被称为"甲骨文"。甲骨文又称契文、龟甲文或龟甲兽骨文。甲骨文基本上是商王朝统治者的占卜纪录，涉及了方方面面的内容。

在商代，甲骨文已经发展成为能够完整记载汉语的文字体系了。由于甲骨文是用刀刻成的，而刀有锐有钝，骨质有细有粗，有硬有软，所以刻出的笔画粗细不一。

随着商朝的灭亡，甲骨文也逐渐消逝。商末周初，青铜器技术有了很大提高，统治者令工匠在青铜礼器上加铸铭文以记载铸造的原由、用以纪念或祭祀的人物等，铸刻在这些青铜礼器上的文字称为"金文"，也叫钟鼎文。

金文一般是先写好字，再刻在模子上铸出，也有些是直接刻在器物上的。铸刻的字凹下去的叫"阴文"，这种字最多；凸起来的叫"阳文"。

金文有时代早晚的区分，基本上和铜器的种类、形制和花纹等的分期是一致的。大致为商代到西周前期、西周后期到春秋以及战国时期。

礼器 我国古代贵族在举行祭祀、宴飨、征伐及丧葬等礼仪活动中使用的器物。用来表明使用者的身份、等级与权力。礼器是在原始社会晚期随着氏族贵族的出现而产生的。礼器通常包括玉器、青铜器及服饰。

活的象形
汉字

■ 青铜器上的金文

■ 秦代小篆刻石

如果从字形、文章和铭文内容等方面看，又可以细分为八个时期：商代前期、末期，西周早期、中期和晚期，春秋早期、晚期，战国时期。周朝时，金文达到了鼎盛时期。

金文大约有三千零五字，较甲骨文略多。金文代甲骨文而起，同甲骨文一样，具有古朴的风格。

金文的内容是对当时祀典、赐命、诏书、征战、围猎、盟约等活动或事件的记录，反映了当时的社会生活。金文字体整齐遒劲，古朴厚重，和甲骨文相比，脱去了板滞，变化多样，更加丰富，而且更易于识别。

东周时期，秦国的文字有了新的发展，它们的字形结构大体上保持了西周的写法，只是变得更加整齐匀称，这种文字称之为"大篆"，也叫"籀文"。

秦始皇统一六国以后，进行了一系列的改革，其中一项改革就是统一文字，这项改革是在丞相李斯的主持下进行的。办法是把秦国原来使用的大篆酌加简化后，推行到全国，同时废除战国时期那些区域性的异体字——六国古文。这种经过整理的秦国文字就是小篆。

小篆使用圆转匀称的线条，形体整齐，确立了文字的符号性，文字的书写因此有了规律。小篆确定了每个偏旁在文字形体中的位置，不能随意颠倒，每个字形所用的偏旁固定为一种，不能用其他偏旁代替，每个字的书写笔数基本固定，这样就做到了定型化。

秦始皇时期刚刚平定天下，政务繁杂，各部门来往的文书繁多，用小篆写公文虽然比以前方便了许多，但小篆不便于速写，还是费时费力，影响工作速

诏书 是皇帝布告天下臣民的文书。在周代，君臣上下都可以用诏字。秦王政统一六国，建立君主制的国家后，自以为"德兼三皇，功高五帝"，号称皇帝，自称朕。并改命为制，令为诏，从此诏书便成为皇帝布告臣民的专用文书。汉承秦制，唐、宋废止不用，元代又恢复使用，明代用诏书宣布重大政务或训诫臣工。

■ 秦始皇与李斯雕塑

度和效率。

当时，有一个叫程邈的狱吏，由于性情耿直，得罪了上司，被关进了云阳狱中。程邈平素喜好思考，所以，在狱中琢磨起文字来。

低级官吏出身的程邈深知小篆难以适应公务，他想若能创造出一种容易辨认又书写快速的新书体，不是更好吗？脑子里有了这个想法，程邈便绞尽脑汁地琢磨。

程邈把流传在民间的各种书体搜集在一起，潜心研究，一个一个加以改进，他把大、小篆的圆转改变为方折，同时删繁就简，去粗取精，经过加工整理，十年后，终于创造出一种书写便利又易于辨认的文字来。这种文字是程邈在监狱中创造出来的。

后来，程邈将3000多个经过改进的文字进献给秦始皇看。秦始皇看了程邈改进的文字，非常高兴，不仅免了程邈的罪，还让他出来做官，提升为御史。由于程邈的官职很小，属于"隶"的级别，所以人们就把他编纂整理的文字叫"隶书"了。

隶书在形体上由图形变为文字笔画，象形变为象征，复杂变为简单。秦朝初创的隶书，结体和用

程邈 秦代书法家。字元岑，东海郡下邳人，今江苏邳州人。相传他首先将篆书改革为隶书。蔡邕称其"删古立隶文"。隶书扁阔取势，结构简单，笔画平直，书写方便，易于辨认，为行书、楷书、草书等的发展奠定了基础。宋刻《大观帖》中还收录有程邈书作《秦御史程邈书》。

■ 岩画象形文字

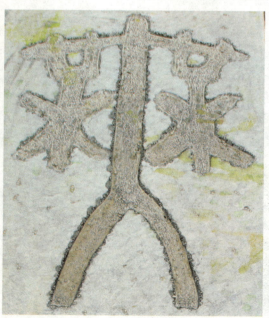

■ 隶书竹简

笔都带有篆书的意味，长扁不一，波磔也不明显。

　　到了东汉，隶书才有了大的变化，结构向扁平发展，笔画出现了雄健的波磔，更趋于工整精巧，从而形成了汉朝隶书的独特字体。这个时期的文字也开始叫作汉字了，汉语之名也由此诞生了。

　　在篆书向隶书转化的时期，在民间流行将篆书草写，其写法逐渐统一，最终产生了具有规则的字体，这种草写的字体被称为草书，早期的草书是跟隶书平行的书体，一般称为隶草，实际上夹杂了一些篆草的形体。

　　早期草书和汉代的隶书进一步融合，形成了一种比早期草书雅化的草书，称为章草。章草波磔鲜明，笔画呈"波"形，字字独立，字形遍方，笔带横势。

　　章草在汉魏之际最为盛行。汉末，章草进一步"草化"，脱去隶书笔画痕迹，上下字之间笔势牵连相通，偏旁部首也作了简化和互借，称为"今草"。

御史　我国古代官名。先秦时期，天子、诸侯、大夫、邑宰皆置"史"这个官职，是负责记录的史官、秘书官。而设置御史，则始自秦朝，御史为监察性质的官职，这个官职一直延续到清朝。

南北朝 我国历史上的一段大分裂时期，由公元420年刘裕建立南朝宋开始，至公元589年隋灭南朝陈为止。该时期上承东晋、五胡十六国，下接隋朝，南北两地虽然各有朝代更迭，但长期维持对峙，所以称为南北朝。

在隶书的产生、发展、成熟的过程中，还孕育着一种新的字体，这种新的字体叫作真书。真书也叫楷书，它从隶书逐渐演变而来，比隶书更趋简化，横平竖直。

楷书始于汉末，在南北魏到晋唐时最为流行。按照时期划分，可分为魏碑和唐楷。魏碑是指魏、晋、南北朝时期的书体，它可以说是一种从隶书到唐楷的过渡书体，很不成熟，经常带有隶书的写法在其中，结体略宽，横画长而直画短。

唐代是楷书的成熟期。楷书书体趋于成熟，书家辈出，其作品均为后世所重，奉为习字的模范。

在楷书的基础上又产生了行书。行书是介于楷书、草书之间的一种字体，是为了弥补楷书的书写速度太慢和草书的难于辨认而产生的字体。

"行"是"行走"的意思，因此它不像草书那样

■ 唐楷书本《大般涅槃经迦叶菩萨品》

甲骨文　金文　小篆　隶书　楷书

潦草，也不像楷书那样端正。实质上它是楷书的草化或草书的楷化。

行书大约产生于西汉晚期和东汉初期，繁荣于东晋。由于行书比较实用，书写比楷书更为便利，又不像草书那样难以辩认，所以是人们最常用的字体。

从"仓颉造字"到甲骨文、到金文、到篆书、到隶书、到草书、到楷书和行书，经历了漫长的过程，其间从复杂到简单，从散乱到规范，从烦琐到简洁，表现了华夏汉字发展的辉煌历程。

阅读链接

有一天，仓颉正在教各个部落的人识字，有个老人和其他人一样认真地听着。仓颉讲完，别人都散去了，唯独这老人不走，还坐在老地方。老人说："仓颉啊，我人老眼花，有几个字还糊涂着呢，你肯不肯再教教我？"

仓颉很高兴，催他快说。老人说："你造的'马'字，'驴'字，'骡'字，都有四条腿吧？而牛也有四条腿，你造出来的'牛'字怎么没有四条腿，只剩下一条尾巴呢？"仓颉一听，心里有点慌了。原来他造"鱼"字时，写成了"牛"样；造"牛"字时，写成了"鱼"样。

见仓颉露出了羞愧的神色，老人拉着仓颉的手，诚挚地说："仓颉啊，你创造了字，使我们老一代人的经验能记录下来，传下去，你做了件大好事，世世代代的人都会记住你的。你可不能骄傲自大啊！"

内涵丰富的汉字范畴

野兽留下的脚印启发了仓颉，使他发明了最早的"文字"。仓颉发明的文字形似图画，如"马"字、"驴"字都像动物马和驴的形象。这种像物体原本样子的文字被形象地称为"象形文字"。

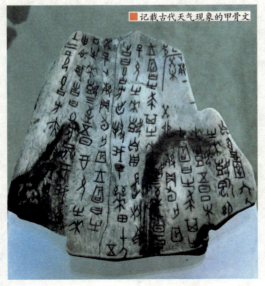

记载古代天气现象的甲骨文

象形字最初是描绘物体的样子，后来逐渐演化成一种线条符号，《说文解字·叙》载："象形者，画成其物，随体诘诎，日月是也。"比如日、月、山、水4个字，最早就是描绘日、月、山、水的图案，后来逐渐演化变成"字"的造型。

象形字有独体象形与合

■ 甲骨文石碑

体象形之分。合体象形所合之二体，有一体不能单独成字，有一体可以单独成字。

甲骨文也属于一种象形文字，如甲骨文"月"字像一弯月亮的形状，"龟"字像一只龟的侧面形状，"马"字就是一匹有马鬃、有四腿的马，"鱼"是一尾有鱼头、鱼身、鱼尾的游鱼，"门"字就是左右两扇门的形状。

不但甲骨文属于象形文字，石刻文和金文也算是象形文字，也都来自图画。

象形文字直接明了，使人一看就知道是什么。但是，象形文字局限性很大，并不是什么东西都能用线条简洁地画出来，一些事物根本无"形"可"象"，而且，还有其他种种不方便之处。

于是在象形的基础上，又产生了指事字和会意字。指事是在象形的基础上加上简单的指示性符号而

石刻文 产生于周代，而兴盛于秦代。秦代石刻是在十块花岗岩质的鼓形石上篆刻，各刻四言诗一首，内容为歌咏秦国君的狩猎情况，又称猎碣。传说中的最早的石刻是夏朝时的《嵝碑》，历来对其书法价值评价甚高。

甲骨文兽骨

汉语源流

汉字汉语与文章体类

创造新字的方法。一般是用一两个抽象符号，或用一个象形符号再加上一个抽象符号来表示一个新的字义。

指事只是一种辅助性的造字法。因为只有极少数的意义才能用指事的方法表示出来，所以指事字很少。

指事字可分为两类，一类是纯指事字，全部用指事性的符号来表示，如一、二、三、四等。这类指示字可能是来自原始的刻画符号。

另一类是在象形字的某一部位加上点画性符号，以表明造字的意图所在，如"刃"是在刀口处加一点，指明刀刃。"本"是在"木"字下方加上一短画，指明是树木的下端。

会意也叫"象意"，是把两个或两个以上的象形符号拼合起来表示一个新字的造字法。会意字一般都是合体字，较普遍的是用不同的字组成的"异文会意"。

会意字以象形字为基础，满足不了生活、生产的需要，于是又出现了形声字。形声造字法是一种用两个现成的符号，一个表示意义，一个表示声音，合起来表示一个新字的造字法。

形声字的主要类型有：左形右声字，

如城、松、情、帽；右形左声字，如领、功、战、鸭；上形下声字，如字、花、篱、雾；下形上声字，如想、梨、盒；内形外声字，如问、辩、闻、闷；外形内声字，如裹、围、府、固。

上面六种方式可以概括为左右、上下、内外3种相互关系而形成的形声字，其中以左形右声为最普遍。形声有表音成分，因而不同于象形、指事和会意。形声的结构相当简单清楚，因此应用最广。

此外，还有假借和转注造字法。假借是借用已有的字来代替要造的字，也就是赋予旧字以新义，成为一个新字的造字方法，如"西"字本是一个会意字，表示鸟在巢上之意，后来有了"栖"，就把"西"字借为表示方向的字了。

转注就是两个或两个以上的字，具有同样的形旁，它们的意义可以互相注释，如"老"和"考"；"会"和"合"。古时"考"可作"长寿"讲，"老""考"相通，意义一致，即所谓老者考也，考者老也。

象形、指事、会意、形声、转注、假借是汉字的六种造字方法，总称为"六书"。绝大多数汉字都是借助这六种造字法产生的。

■ 石刻象形文字

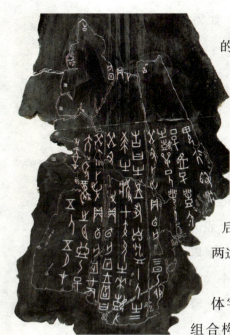

■甲骨文石碑

汉字是音、形、意的统一体，汉字的字形就是汉字的形体。笔画是构成汉字的基本材料，也是汉字的最小构成单位。书写时，笔画的走向和出现的先后次序，叫"笔顺"。

汉字的笔顺是比较固定的。基本规则是：先横后竖，先撇后捺，从上到下，从左到右，先外后内，先外后内再封口，先中间后两边。

汉字包括独体字和合体字，独体字不能分割。合体字由基础部件组合构成，如"日""月"为"明"；"禾""火"为"秋"。这种合体字数量最大，占了汉字的90%以上。汉字的基础部件包括独体字、偏旁部首和其他不成字部件。

字义就是字表示的意义，如"马"是表示一种动物，"日"表示太阳，等等。通常一个字有几种相近或不同的意思。字义是不断变化的，通常随着社会的发展，表示的意义会有所变化。

汉字的音就是汉字的读音，分为声母、韵母和声调，通常声母在前，韵母在后，声母加上韵母组成声韵结构，声韵结构加上声调就是字音。不同的字可能有不同的字音，也可能有相同的字音。一个字也可能有多个字音。

汉字最早的注音方法是读若法和直注法。读若

独体字 以笔画为直接单位构成的汉字。独体字是一个圈圈的整体，切分不开。独体字大都是一些简单的象形字和表意字。因为这类字是从图画演变而成的，所以每一个字都是一个整体。独体的象形字和表意字是构成合体字的基础。

法就是用音近的字来注音，东汉许慎的字典《说文解字》就采用这种注音方法。直注法就是用另一个汉字来表明这个汉字的读音。

以上两种方法都有不完善的地方，有些字没有同音字或是同音字冷僻，这就难以起到注音的作用。

魏晋时期发展出了反切法，汉字的发音可以通过反切法进行标注，即用第一个字的声母和第二个字的韵母和声调合拼来注音，这使得所有汉字发音都有可能组合出来。在此基础上，又发展出了汉字形式的注音符号以及很多拉丁字母注音方法。

从甲骨文、金文到大篆、小篆，汉字字体逐步变为以线条符号为主，字形逐渐固定，在这个过程中，很多字体简化了，而到了隶书和楷书时期，简化的字体更多。虽然字体得到了简化，但还是相对繁缛，因此还属于繁体字。

繁体字笔画多、结构复杂，为了便利书写和认记，人们将汉字进行了简化。自南北朝以来，在民间出现了笔画较少的字，这种字被称为"俗体字"。俗体字是相对于正体字而言的，合乎书写规范的字就是正体字或正字，不合书写规范的字就是俗体字。

声调 这里的声调指拼音声调，汉语普通话中有四个声调：第一声为阴平，或叫平调。第二声为阳平，或叫升调。第三声为上声，或叫上音。第四声为去声，或叫去音。每个汉字由韵母和声母配合构成一个音节构成。在韵母上部应该标出声调，有时，为了方便也可省略。

■ 甲骨文

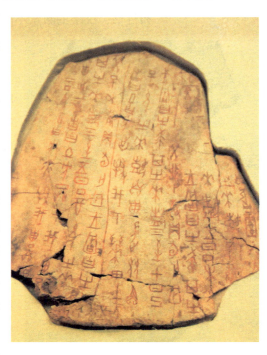

金文 指铸刻在殷周青铜器上的铭文，也叫钟鼎文。金文应用的年代，上自商代早期，下至秦灭六国，约1200多年。金文的字数，据容庚《金文编》记载，共3722个，其中可以识别的字有2420个。金文早在汉代就已不断出土，被学者所研究。金文是研究西周、春秋、战国文字的主要资料，也是研究先秦历史的最珍贵的资料。

和正体字比较起来，俗体字的特点是改变笔画或更换偏旁，也有少数是另造的。由于很多俗体字比正体字笔画少，应用方便，所以流传不断。实质上，俗体字就是一种流传在民间的简化字。

将繁体字简化的方法通常有6种：一是更换偏旁；二是删除局部；三是同音替代；四是全部改造；五是简化类推；六是草书楷化。

殷商在龟甲或兽骨上契刻的甲骨文内容涉及商代社会生活的诸多方面，不仅有政治、军事、文化、社会习俗等内容，而且涉及天文、历法、医药等科学技术。它们被契刻在大约15万片甲骨上，共有4500多个单字。

从甲骨文到金文，再到篆书、隶书、草书、楷书和行书，汉字的数量不断发生变化，有的字消失了，而又有新的字被创造出来。汉代许慎著的《说文解字》共收录了9353字。其后，南朝时顾野王所撰的《玉篇》共收录16917字，在此基础上修订的《大广益会玉篇》则收录了22726字。

此后收字较多的是宋朝官修的《类篇》，收字31319个；另一部宋朝官修的《集韵》中收字53525个，曾经是收字最多的一部书。

■ 甲骨文

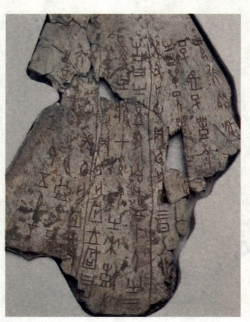

总体上看，汉字的数量并没有准确数字，总数约有近十万个，其中有少数异体字和罕用字。绝大多数异体字和罕用字已被规范掉了，一般只在人名、地名中偶尔出现，人们日常所使用的汉字大约只有几千字。

甲骨文

汉字历经几千年的演变、流转，其间又经历了无数次的增减、删改，凝结着先人们的无上智慧，蕴含着丰厚的历史和文化内涵，是华夏文明得以延续千年不断的重要载体。

阅读链接

由于我国古代没有拼音字母，只好用汉字来注音。用汉字注音叫作"直音"。直音有很大的局限性，有时候，这个字没有同音字；有时候，这个字虽有同音字，但是那些同音字都是生僻的字，注了直音等于不注，以生僻字注常用字，可以说越注越糊涂。

最终古人发明了用反切法注音。反切法比起直音法来有很大的进步。这个方法大约兴于汉末，开始的时候叫作"反"，又叫作"翻"，唐人忌讳"反"字，所以改为"切"字。可以说，反切方法的发明，是汉语音韵学的开始。反切的方法是：对前一个字(反切上字)只取它的声母；对后一个字(反切下字)只取它的韵母和声调，合起来相拼得出的字音，便是这个生字(被切字)的读音。再用消去法，消去括号中反切取音时不用的反切上字的韵母和反切下字的声母，用反切下字的声调，得出被切字的读音。

承载厚重的汉字典籍

东汉时期，曾大行其道的隶书有了新的变化，结构向扁平发展，笔画出现了雄健的波磔，字体更趋于工整精巧，从而形成了汉朝隶书的独特字体。这个时期的文字，被称为汉隶，也开始叫作汉字了。

这个时候，汉字已经非常多了，表意也非常丰富了，但是同时也变得很混乱了，很多人常常弄不明白一个字究竟该怎么样写，又具体代表什么意义。当时的经学大师许慎十分清楚汉字在使用过程中的混乱局面，他决定编纂一部关于汉字的书，可以帮助人们认识这些"不安分"的字。

学者许慎铜像

公元100年，许慎开始编著字书，他根据文字的形体，创立了540个部首，将9353个字分别归入这540部。540部又并为14大类，正文就按这14

大类分为14卷，卷末叙目别为一卷，这样全书共有15卷。

■ 经学大师许慎著《说文解字》

　　许慎的工作是在他之前没有人做过的，他开了一个伟大的先河，许慎把这部关于字的书叫作《说文解字》。对《说文解字》的书名，许慎这样解释：

　　仓颉之初作书也，盖依类象形，故谓之文。其后形声相益，即谓之字。文者，物象之本；字者，言孳乳而寝多也。

　　大意是：仓颉开始造文字时，大概是按照万物的形状临摹，所以这种图画似的符号叫作"文"，后来，形与声结合的符号便叫"字"。"文"，就是描绘事物本来的形状，"字"的含义是说滋生、繁衍。

　　《说文解字》的体例是先列出小篆，如果古文和籀文不同，则在后面列出。然后解释这个字的本义，再解释字形与字义或字音之间的关系。

籀文 古汉字中一种书体的名称，也叫籀书，又称为大篆。籀文起于西周晚年，春秋战国时期通行于秦国。字体与秦篆相近，但字形的构形多重叠。在《说文解字》中保存了220多个籀文。

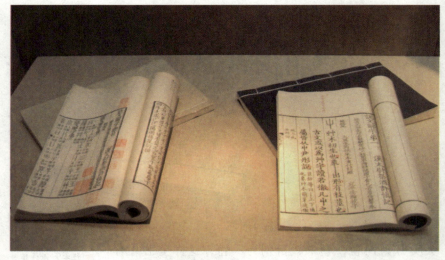

■《说文解字》

《说文解字》改变了周、秦到汉代有关文字书的编纂方法，将所收字编成四言、七言韵语的形式，开创了部首编排法，其部首排列是按照形体相似或者意义相近的原则排列的。

后世的字典大多采用了按部首检字的方式，由此，清代经学家段玉裁称《说文解字》："此前古未有之书，许君之所独创。"

《说文解字》保存了大部分先秦字体以及汉代和以前的不少文字训诂，反映了上古汉语词汇的面貌，比较系统地提出了分析文字的理论。

许慎在《说文解字》中还非常系统地阐述了汉字的造字规律，即"六书"造字法：象形、指事、会意、形声、转注、假借。从此，"六书"成为专门之学。"六书"不能单纯认为就是造字法，前四种象形、指示、会意、形声是造字法，而转注和假借则为用字法。

训诂 也叫"训故""诂训""故训""古训"。一般认为，用通俗的语言解释词义叫"训"，用当代的话解释古代的语言叫"诂"。训诂一词是从字典《尔雅》里来的。由此产生的训诂学是研究怎样正确地理解语言、解释语言，也就是讲清楚怎样注释的道理。

《说文解字》完整而系统地保存了小篆和部分籀文，是认识更古文字甲骨文和金文的桥梁，是注释古书、整理古籍的重要依据。

许慎历时21年，最终在公元121年完成了《说文解字》的编纂工作。《说文解字》问世以后，很快就引起当时学者的重视，在注释经典时常常引证《说文解字》。到了南北朝时代，学者们对《说文解字》已经有了比较完整、系统的认识。唐代科举考试规定要考《说文解字》。

继《说文解字》之后，解释字的著作有了新发展，晋代学者吕忱编纂的《字林》是一部按汉字形体分部编排的字书。《字林》共7卷，仿照《说文解字》而作，共收12824字，兼有异体，分为540部。

《字林》在字书发展史上很重要，在历史上曾有过巨大的社会影响，唐朝以前，与《说文解字》并重，而且以此考取书学博士。

公元543年，南朝梁黄门侍郎兼太学博士顾野王奉命编纂一部字书。顾野王如约完成了这部字书的编纂工作，这部字书叫作《玉篇》。

《玉篇》也是按汉字形体分部编排的字书，收字16917字，共542部，与《说文解字》相同的部首529个，不同的部首有13个。

■古籍《说文解字》

■ 古籍《说文解字》

音韵学 是一门研究汉语语音系统的科学，也称声韵学，是研究古代汉语各个历史时期声、韵、调系统及其发展规律的一门传统学问，是古代汉语的一个重要的组成部分。它包括了古音学、今音学、北音学等学科，是广义语言学的一个重要的分支。

部首的顺序和《说文解字》大不相同，除去开首几个部首和最后的干支部首与《说文解字》一致，其他都是重新安排的。

顾野王有意将意义相近的部首排在一起，如卷三所包括的人部、儿部、父部、臣部、男部、民部、夫部、予部、身部、兄部、弟部、女部，但他并未能始终维持这一原则。

与《说文解字》以说明字形为主不同，《玉篇》以说明字义为主，所以它不再像《说文解字》那样说"从某，某声"，同时也不限于本义，而是把一个字的多种意义罗列在一起。在这方面，《玉篇》显示出了创造性，丰富了汉字字典内容的多样性。

此外，《玉篇》较《说文解字》改进的地方还有，它先出反切，使读者见到一个字后就可以知道或了解它的读音。它引用了《说文解字》的解释，方便了使用者。虽然有时《玉篇》没有明引《说文解字》，但也是根据《说文解字》而来的。

顾野王在《玉篇》中尽可能举例，并对例子作了必要的解释，此外，顾野王还注意到一些一词多义的现象，并指了出来。

隋文帝统治初年，音韵学家陆法言在音韵学方面有着精深的造诣。他潜心研究音韵，编写韵书。公元601年，他写成韵书《切韵》五卷。

《切韵》收录了12158个汉字，以韵目为纲，共分193韵，其中平声54韵，上声51韵，去声56韵，入声32韵。《切韵》以当时洛阳语音为基础，酌收古音及其他方言音而成书。通过它可以研究上古音和古代方言。

陆法言在研究前人韵书的基础上，使自己的这部著作更加完整系统。全书同音字全被归在一起。每一音前标以圆圈，称为韵纽，头一字下以反切注音。每字均有释义。当时人称颂《切韵》是"时俗共重，以为典规"。

《切韵》写成后，取代了六朝诸家韵书。唐、宋韵书多以它为蓝本，如宋朝陈彭年等重修的《广韵》，即以《切韵》为蓝本编写。

《广韵》全称《大宋重修广韵》，是北宋时代官修的一部韵书，成书于1008年，由陈彭年、丘雍等奉旨在前代韵书的基础上编修而成。

《广韵》是宋以前韵书的集大成者。原本是为增广《切韵》而作，除增字加注外，部目也略有增订。

《广韵》正文共收26194字，共5卷，平上去入四声分置于5卷之中。平声分上下2卷，上、去、入声各1卷。分206韵，包括平声57韵，上声

蓝本 原是古籍版本的一种形式。明清时期，书籍在雕版初成以后，刊刻人一般先用红色或蓝色印刷若干部，以供校订改正之用。由于蓝印本是一部书雕版之后最早的印本，因此有"初印蓝本"之称。蓝本现指著作所根据的底本，多用于书面语中。

■ 古籍《大宋重修广韵》

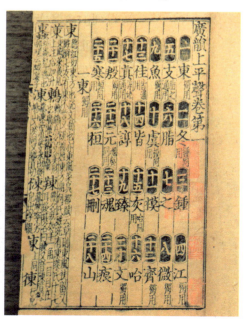

司马光（1019年—1086年），字君实，号迁叟，山西夏县涑水人，世称涑水先生，北宋史学家、文学家。历仕仁宗、英宗、神宗、哲宗四朝。为人温良谦恭、刚正不阿；做事用功、刻苦勤奋。其人格堪称儒学教化下的典范，历来受人景仰。

55韵，去声60韵，入声34韵。

《广韵》把同韵字归在一起，而且进一步把同音字也归在一起，注明反切读音，有同字异形的又列出异体，辨析正俗，并对每个字的字义作了解释。有的还引经据典，解释得十分详细。所以它既是一部韵书，又是一部字书，同时还具有类书的性质。

在北宋年间，王洙、胡宿、掌禹锡、张次立等人奉宋仁宗之命相继修纂一部按部首编排的字书，此字书名为《类篇》。1066年，编纂工作由司马光接替，第二年该书缮写完成。

《类篇》所收字数为31319字，比原本《玉篇》增多一倍，它依据《说文解字》，分为14篇，加上目录1篇，共15篇。每篇又各分上、中、下，合为45卷。全书的部首为540部，与《说文解字》相同，部首排列的次序变动也很少。

《正字通》也是一部按汉字形体分部编排的字书，由明代崇祯末年国子监生张自烈编撰。这部书总12卷，共214部。部首次序和每部之内的字次都按笔画多少来排，这跟《字汇》一样，但是《字汇》注释比较简单，而《正字通》繁博得多。

《正字通》在字典史上有一定的地位，清代修编的《康

■ 古籍《康熙字典》

熙字典》即参考了《正字通》，而更加详备。

1710年，张玉书、陈廷敬等三十多位著名学者奉康熙圣旨正式开始编撰一部具有深远影响的汉字字书。张玉书、陈廷敬等人殚精竭虑，辛勤编纂，历时6年，于康熙五十五年，即1716年，编纂完成了这部具有深远意义的字书。

由于是在康熙皇帝的钦命下编纂的，因此这部字书被定名为《康熙字典》。

《康熙字典》采用部首分类法，按笔画排列单字，字典全书分为12集，以十二地支排序，每集又分为上、中、下3卷，并按韵母、声调以及音节分类排列韵母表及其对应汉字，共收录47035个汉字，为收录汉字最多的古代字典。

除了收字丰富以外，《康熙字典》以214个部首分类，并注有反切注音、出处及参考等，差不多把每一个字的不同音切和不同意义都列举进去，可以供使用者检阅。

另外，除了僻字僻义以外，《康熙字典》又差不多在每字每义下都举了例子。这些例子又几乎都是引用了"始见"的古书。

在《康熙字典》以前，解释汉字的著作都叫作字书，从《康熙字典》开始，都改字书为字典了，因此

活的象形 汉字

■ 《康熙字典》

地支 天干地支纪法中的一支。在我国古代历法中，甲、乙、丙、丁、戊、己、庚、辛、壬、癸被称为"十天干"，子、丑、寅、卯、辰、巳、午、未、申、酉、戌、亥叫作"十二地支"。十天干和十二地支依次相配，组成六十个基本单位，两者按固定顺序互相配合，组成干支纪法。天干地支主要用于纪日，此外还曾用来纪年、纪月、纪时等。

《康熙字典》是我国第一部以字典命名的汉字辞书。

　　《康熙字典》是历代字书之集大成者，可以满足读者阅读和研究古典文献时查检的基本需要，因此社会意义重大，它的诞生为后世字典的编纂起到了典范作用。

　　在《康熙字典》之后，又有两部大部头字典问世，意义重大，而且影响深远。它们分别是《中华大字典》和《汉语大字典》。

　　《中华大字典》于1909年开始编纂，1914年编成，本书共收字4.8万多个，其中包括方言字和翻译的新字。该书纠正了《康熙字典》中4000余处错误，且全书附有插图，在注音、释义方面更简明、合理。

　　《汉语大字典》全书共收楷书单字5.6万多个，凡古今文献、图书资料中出现的汉字，几乎都可以从中查出，是规模最大、收集汉字单字最多、释义最全的一部汉语字典。

阅读链接

　　我国古代将字典称为字书。字书一词，作为解释文字的著作的泛称，在南北朝时已经通用。见于著录最早的字书，是相传周宣王时出于太史籀之手的《史籀篇》。

　　战国至西汉，为我国字书的萌芽时期，代表作除《史籀篇》外，还有秦代李斯的《苍颉篇》、赵高的《爱历篇》、胡毋敬的《博学篇》，西汉史游的《急就篇》、扬雄的《训纂篇》等。它们大都只是编次文字，并无解说。第一部有系统的字书，则是东汉许慎的《说文解字》。《说文解字》为以后字书的发展奠定了基础。其后仿照《说文解字》编成的字书很多。取"字典"为书名的，通常认为始于《康熙字典》。

熟语是民间集体创造、广为流传、言简意赅并较为定性的艺术语句，是民众的丰富智慧和普遍经验的规律性总结。其语义结合紧密、语音和谐，在语言中可以独立运用，恰当地运用熟语可使语言活泼风趣，增强文章的表现力。

熟语内容丰富，多数反映了劳动人民的生活、生产实践经验，而且一般都是经过口头流传下来的，多是口语形式的通俗易懂的短句或韵语，具有结构上的稳定性和意义上的整体性。通常包括成语、谚语、俗语、格言及歇后语等。

艺术短语

熟语

汉民族语言瑰宝的成语

春秋战国时期，鲁国出了个大学问家孔子，他知识渊博，学富五车，懂得方方面面的知识，当时，有很多人拜他为师，跟随他学习知识，据说弟子最多时有3000余人。

成语：不耻下问

有一天，一个叫子贡的弟子问孔子："孔文子何以谓之'文'也？"

意思是说"孔文子为何得到'文'这个谥号呢？"

孔文子指的是卫国大夫孔圉，孔圉十分谦虚好学，卫国的国君为了发扬他好学的精神，在他离世后，赐给他"文"的谥号。

孔子见子贡提出这样一

■ 成语：邯郸学步

个问题，他非常高兴，不假思索回答道："敏而好学，不耻下问，是以谓之'文'也。"

意思就是"因为他聪明又爱好学习，并且不把放下身份向人请教看成是可耻的事，所以死后才得到'文'的谥号"。

孔子的回答中有一个四字短语，就是"不耻下问"，这个四字短语意思是不以向不如自己的人请教问题为羞耻。这个四字短语言简意赅，含义丰富，而且不能拆分开来，像这样的四字短语就被称为成语。

成语是汉字语言词汇中一部分定型的词组或短句，有固定的结构形式和固定的含义，在语句中是作为一个整体来应用的。

成语有三大特性：习用性、完整性、定型性。习用性是指成语有着广泛的社会基础，是千百年间长

大夫 我国古代的官名。西周以后先秦诸侯国中，在国君之下有卿、大夫、士三级。大夫世袭，有封地。后世遂以大夫为一般任官职之称。秦汉以后，中央要职有御史大夫，备顾问者有谏大夫、中大夫、光禄大夫等。至唐宋尚有御史大夫及谏议大夫之官。隋唐以后，大夫为高级官阶的称号。

■ 成语：滥竽充数

陶潜（约365年—427年），字元亮，又名潜，号五柳先生，世称靖节先生，浔阳柴桑人。东晋末期南朝宋初期诗人、文学家、辞赋家、散文家。曾做过小官，后隐居。田园生活是其诗的主要题材，相关作品有《饮酒》《归园田居》《桃花源记》《五柳先生传》《归去来兮辞》等，田园诗派创始人。

期沿袭下来的，有着悠久的使用历史，如"欣欣向荣"，这一成语在东晋陶潜的《归去来兮辞》中已见到："木欣欣以向荣，泉涓涓而始流。"

这里，"欣欣向荣"是说草木繁荣茂盛。后来，这一成语用来形容事业的蓬勃发展和繁荣昌盛。

再如，"迎刃而解"这一成语见于《晋书·杜预传》："今兵威已振，譬如破竹，数节之后，皆迎刃而解，无复着手处也。"

"迎刃而解"本来是说破竹子，头上几节一破开，下面的就随着刀口裂开了。后常用来形容在处理事情的时候，主要问题解决了，其他有关问题就能顺利地得到解决了。

成语的完整性是说成语是作为完整的意义单位来运用的，也就是说一个成语是一个完整的统一体。虽然成语是由词构成的词组，但是词和词之间不能孤立地分割开来，它们的联系是很紧密的。

许多成语的意义不能逐个词从字面上加以解释，如"入木三分"这个成语本是形容书法的笔力强劲。相传，晋朝书法家王羲之写字很有笔力，有一次他把字写在木板上，木工用刀刻字时，发现字迹透入木板三分深，"入木三分"这个成语就是来源于此。

这个成语是作为一个完整的意义单位来使用的，不能将之拆分加以解释。"入木三分"后来形容有力的议论和深刻的描写，就是从它本来的一个完整的意义转用过来的。

成语的定型性是指成语的结构形式是固定的，字词的位置不能任意地变换，字眼也不能随便地改动。如"星罗棋布"，不能说成"棋布星罗"，虽然后者

王羲之（303年—361年，一作321年—379年），字逸少，号澹斋，琅琊临沂人。东晋书法家，有"书圣"之称。他擅长书法，独创圆转流利之风格，隶、草、正、行各体皆精，书法平和自然，笔势委婉含蓄，遒美健秀。行书《兰亭集序》，正书《黄庭经》《乐毅论》最著名。

■成语：拾金不昧

■ 成语：鹬蚌相争

《后汉书》一
部由我国南朝刘
宋时期的著名历
史学家范晔所编
撰的记载东汉历
史的纪传体史
书。它与《史记》
《汉书》《三国
志》合称"前四
史"。书中分十
纪、八十列传和
八志，记载了从
光武帝刘秀起至
汉献帝的195年
历史。

和前者的意思没有很大不同，但是相沿成习，习惯上说的是前者，不是后者。

又如"车水马龙"这个成语是从《后汉书·马后纪》"车如流水，马如游龙"紧缩而来的，"水"是对"车"加以喻说，"龙"是对"马"加以喻说，是说车马很多，来往不绝，形容繁华热闹的景象。

这个成语不能说成"车龙马水"和"车马水龙"。如果说成前者，就错把"龙"来喻说"车"和错把"水"来喻说"马"了，如果说成后者，意思就不明晰了。

另外，成语的字眼一般也不能随便改动，如"相形见绌"，是指与同类事物相比较显出不足的意思，不能把其中的"绌"改动为"拙"。绌是不足、不够的意思，而拙是笨、不灵巧的意思，因此不能将

"绌"改为"拙"。

成语很丰富，具有强大的生命力和精练、形象、深刻的表现力。成语通常以简短的形式表现丰富的内容。一个成语一般浓缩为四个字，成语一共有五万多条，其中96%为四字格式。

四字格式的成语斩钉截铁，简明有力，如"实事求是"，四个字就包含了从实际对象出发，科学地研究客观事物的规律，认识客观事物的本质的意思，一般上也用来指如实反映情况，按照实际情况办事，不夸大，不缩小，正确处理。

通常，成语又是很形象的。一个成语往往用形容、比喻、描写的方法表现出事物的图景、形状、声貌和特征，构成具体可感的形象。

许多成语都含有一个生动的故事，发人深省，耐人寻味，使人受到教育，如"刻舟求剑"，这个成语含有一个生动完整的故事，这个故事见于《吕氏春秋·察今》。

故事说，有一个楚国人出门远行。他在乘船过江的时候，一不小心，把随身带着的剑落入江中的急流里去了。船上的人都大叫："剑

成语：叶公好龙

汉语源流

汉字汉语与文章体类

■《刻舟求剑》

刘向（约前77年—约前6年），原名更生，字子政，彭城人，祖籍沛郡丰邑。西汉经学家、目录学家、文学家。他的散文是奏疏和校雠古书的"叙录"，较有名的有《谏营昌陵疏》和《战国策叙录》，叙事简约，理论畅达、舒缓平易是其主要特色。

掉进水里了！"

　　这个楚国人马上用一把小刀在船舷上刻了个记号，然后回头对大家说："这里就是我的剑掉下去的地方。"

　　众人疑惑不解地望着那个刀刻的印记。有人催促他说："快下水去找剑呀！"楚国人说："慌什么，我有记号呢。"

　　船继续前行，又有人催促他说："再不下去找剑，这船越走越远了，当心找不回来了。"可是，楚国人依旧自信地说："不用急，不用急，记号在船上刻着呢。"

　　直至船行到岸边停下来后，这个楚国人才顺着他刻有记号的地方下水去找剑。可是，他无论怎么找，怎么努力也找不到。

这个故事很有启发性，它教育人们做事情要知通变，不能形而上学地孤立而静止地处理问题，不能拘泥固执。

成语的来源是多方面的，有很大一部分是从古代沿用下来的，有的源自寓言，有的源自诗文、戏曲、小说，有的源自逸闻遗事，有的源自神话、传说，还有的源自谚语。

来源于寓言的成语有很多，如"自相矛盾"源自《韩非子·难势》的一个寓言故事；"画蛇添足"源自《战国策·齐策二》的一个寓言故事；"叶公好龙"源自汉代刘向所著《新序·杂事》的一个寓言故事。

源自诗文、戏曲、小说的成语也有很多，如"尺短寸长"源自《楚辞·卜居》的"尺有所短，寸有所长"一句。"一叶知秋"源自《淮南子·说山》：

韩非子（约前281年—前233年），又称韩非，战国末期韩国人，战国时期思想家、哲学家，法家的代表人物。其文章构思精巧，描写大胆，语言幽默，于平实中见奇妙，具有耐人寻味、警策世人的艺术风格。他的著作很多，主要收集在《韩非子》一书中。

■ 成语：负荆请罪

■成语：自相矛盾

《吕氏春秋》
亦称《吕览》，是秦国丞相吕不韦集合门客们共同编撰的一部杂家名著。全书共分为十二卷，一百六十篇，二十余万字。《吕氏春秋》注重博采众家学说，以儒、道思想为主，并融合墨、法、兵、农、纵横、阴阳家等各家思想。吕不韦自己认为其中包括了天地万物古往今来的事理，所以号称《吕氏春秋》。

"以小明大，见一落叶，而知岁之将暮。" "顺水推舟"源于元代康进之的《李逵负荆》："你休得顺水推舟，偏不许我过河拆桥。"

源自逸闻遗事的成语，如"负荆请罪"源自《史记·廉颇蔺相如列传》所记的一个故事。"名落孙山"源于宋朝范公偁《过庭录》的一个逸闻遗事。

源自神话传说的成语，如"精卫填海"这个成语源于《山海经·北山经》所载的一个神话故事。"与虎谋皮"这个成语是从"与狐谋皮"演化来的，而"与狐谋皮"源自《太平御览》的一个传说故事。

源自谚语的成语，如"辅车相依"和"唇亡齿寒"这两个成语源自《左传·僖公五年》所引的一个谚语。这个谚语是这样说的："谚所谓辅车相依，唇亡齿寒者，其虞虢之谓也。" "铁树开花"这个成语源自明朝王济《君子堂日询手镜》所引的一个谚语。

成语一般为四字格式，但也有三字、五字、六字、七字等成语，如"五十步笑百步""闭门羹""莫须有""欲速则不达""醉翁之意不在酒"等。

人们口里常说的一些四字习用语有的也归入成语里来，如"咬文嚼字""拖泥带水""阳奉阴违""不三不四""心直口快"等。另外，在成语中也有些是接受外来文化而出现的，如"天花乱坠""当头棒喝""不可思议""不二法门"等。

成语大都有一定的出处，如"狐假虎威"出于《战国策·楚策》；"鹬蚌相争"出于《燕策》；"画蛇添足"出于《齐策》；"刻舟求剑"出于《吕氏春秋·察今》；"自相矛盾"出于《韩非子·难势》。

成语历经千年的发展演变，已经成为汉语言中的一朵奇葩，其结构匀整、含义丰富、风格高雅，富有节奏感和表现力的特点为其他语言形式所不具备。

阅读链接

由于成语以四字居多，因此有些人往往把四个字组成的普通词组也当作成语。凡是一个词组里的词可以抽换的，就应该当作普通词组，如"根本改变"这个词组，在某种场合，可以改成"彻底改变""基本改变"或者"大大改变"。再如，"密切合作"这个四字词组，可以改为"紧密合作"，词组改变了以后，并没有改变它所要表达的内容，也使人感到很适合，这样的词组就是普通词组。

而成语则是一个有机的整体，一般来讲，是不能用意思相同或者相近的词来替换成语中的词的，如"虎口余生"这个成语，就不能用"虎嘴余生"来替换，更不能改为"狼口余生"或"狮口余生"等。

言简意赅的民间谚语

■一字值千金

在很久以前，某地有"六十花甲子"的习俗，意思就是人如果活到六十岁还没死的话，就要被自己的子女送到野外的"活坟"里去住。

所谓"活坟"是一个用土砌成的地窖子，只留一个送饭的小口。孝顺的儿女还给送饭，老人还可苟延残喘，遇到不孝的儿女，老人只能被活活饿死，非常悲惨。

当地有个大臣是一个有名的孝子。他的父亲活到六十岁，按照习俗也被送进了"活坟"。他每次上朝回来，就亲自为父亲送茶送饭，顿顿不缺。他父亲带了一只小猫和几本古书住在"活坟"里，每天看书养猫，倒也安然自在。

■ 谚语：君子一言，驷马难追

　　一天，这个大臣又给他父亲送饭。临走时，不觉悲由心生，用颤抖的声音对父亲说："这是儿子最后一次给您送饭了，回去后就不知死活了。儿子死不要紧，父亲您如何是好呢？"

　　老父亲听了非常诧异，他急忙问儿子发生了什么事。那个大臣把朝廷上发生的一件奇事告诉了父亲。原来金殿上不知从哪里来了五个怪物，灰色的皮毛，小小的眼睛，尖尖的嘴巴，长长的尾巴。每天在金殿上乱咬乱闹，抓又抓不到，闹得无法上朝。皇帝叫大臣们想办法消除这一灾患，想不出办法就要杀头。

　　老父亲听后想了想说："我儿不必忧虑，这不过是五只大老鼠罢了，你把这只猫带到金殿上去，就可

金殿 在我国古代，金殿是指皇帝召见群臣和处理政事的地方，后多泛指宫殿。现多指湖北武当山金殿，该金殿在湖北省十堰境内武当山天柱峰巅，俗称为"金顶"。亦指云南昆明鸣凤山金殿，又名铜瓦寺，坐落在昆明城东北郊的鸣凤山上。

■ 谚语：曹冲称象，
换物知重

以把它们除掉。"

　　大臣听后，十分高兴，他把猫带上了金殿。等五个灰色的东西正在上蹿下跳十分嚣张时，大臣立即把猫放出去了。猫儿两眼圆睁，"咪呜"一声，然后猛扑过去。那五个东西吓得四散而逃，但很快都被这只猫咬死了。

　　皇帝见祸害已除，非常高兴，就问大臣是怎么想出的办法。大臣把情况如实地讲述了一遍。皇帝听后恍然大悟，老人经历多，见识广，有丰富的经验，是社会之宝啊。怎能如此虐待他们呢？于是下令取消"六十花甲子"的习俗，命令把老人一律接回家好好赡养。

　　后来，人们从这个故事中，总结出了"家有一老，犹如一宝；有了疑难，问问便晓"的经验教训。

再后来，"家有一老，犹如一宝"成为固定的语句，在人们中间流传开来。

后来人们将像"家有一老，犹如一宝"这样在口头上广泛流传的具有深刻道理的简练语句称为谚语。

谚语历史悠久，源远流长。对谚语性质的界定，历来就有许多说法，诸如：《礼记·大学》曰："谚，俗语也。"《左传·隐公十一年》曰："谚，俗言也。"《汉书·五行志》曰："谚，俗所传言也。"《文心雕龙·书记》中曰："谚，直言也。"

这些都是从广义上解释的，指出谚语是一种流传于民间并世代口耳相传的通俗而简练的语言形式。

谚语起源极早，早在远古时期谚语便已经产生，并闪烁着智慧的火花。清代学者杜文澜在《古谣

《左传》 原名为《左氏春秋》，汉代改称为《春秋左氏传》，简称《左传》。旧时相传是春秋末年左丘明为解释孔子的《春秋》而作，实质上是一部独立撰写的史书，以《春秋》为本，通过记述春秋时期的具体史实来说明《春秋》的纲目，是儒家重要经典之一。

■ 谚语：无事不登三宝殿

> 谣谚之兴，其始止发乎语言，未著于文字。

这句话说明最初的谚语是伴随着语言的产生而出现的，只是当时没有文字记录而已。即使是在文字出现以后，被录入典籍的谚语也不多。因为古代所谓文人雅士认为谚语多数出自民间，鄙俗难解，所以大多故意忽略。

随着春秋战国时期社会文化出现"百家争鸣"繁荣局面，接近社会底层的士阶层才有了著书立说的机会，他们大量引用民谚民谣，少部分谚语才得以保存，如《左传·宫之奇谏假道》中记载有"辅车相依，唇亡齿寒"的谚语。

随着汉语言文化的不断发展，唐宋以后，特别是

■ 谚语：忠言逆耳利于行

明清白话小说中的"俗话""俗谚"更是多姿多彩。这些谚语流传了千百年，至今仍然充满着生命力，特别是那些被吸收到书面语言里的各种谚语，后人一直沿用不绝。

■ 谚语：天下兴亡，匹夫有责

谚语根植于口语，口语性较强。因为是口头流传的句子，所以谚语具有短小精悍、通俗易懂的特点，如"姜还是老的辣""羊毛出在羊身上""人怕出名猪怕壮"等。

南朝文学理论家刘勰在《文心雕龙·书记篇》说："文辞鄙俚，莫过于谚。"意思就是说谚语的语句是很通俗的。

谚语口语性强，通俗易懂，而且一般都表达一个完整的意思，形式上差不多都是一两个短句。谚语反

刘勰（约465年—520年），字彦和，生活于南北朝时期的南朝梁代，文学理论家、文学批评家。他曾任职县令、步兵校尉、宫中通事舍人，颇有清名。刘勰虽任多种官职，其名不以官显，而以文彰，《文心雕龙》奠定了他在中国文学史和文学批评史上的地位。

■ 谚语：只要功夫深，铁杵磨成针

清明 我国民间传统节日，也是农历二十四节气之一，一般是在公历4月5号前后。清明一到，气温升高，正是春耕春种的大好时节，有"清明前后，种瓜点豆"之说。清明节也是一个祭祀祖先的节日，传统活动为扫墓。

映的内容涉及社会生活的各个方面。从内容上来分，大体分为几种：

气象谚语。它是人们在长期的生产实践中，观察气象的经验总结，如"朝霞不出门，晚霞行千里""久雨刮南风，天气将转晴"。

农业谚语。它是农民在生产实践中总结出来的农事经验，如"清明前后，种瓜点豆""枣芽发，种棉花""庄稼一枝花，全靠粪当家"等。

生活常识谚语。它是人们对生活各方面常识的概括，如"饭后百步走，活到九十九""冬吃萝卜夏吃姜，不用医生开药方""良药苦口利于病，忠言逆耳利于行"等。

事理谚语。它是人们为人行事的经验总结，如"种瓜得瓜，种豆得豆""人不可貌相，海水不可斗量""路遥知马力，日久见人心"等。

谚语在结构形式上是短小精悍、简明凝练的。常见的谚语一般是五、六、七个字，有一部分是八、九个字，十个字以上的很少。

五字谚语的节奏和五言诗句的节奏类似，即以两个音节为一个音步，一句有三个音步或两个音步。六字谚语的节奏一般也是以两个音节为一个音步，即有三个音步。

七字谚语的节奏和七言诗句的节奏类似，是以两个音节为一个音步，一句有四个音步或三个音步。这样的节奏，声律和谐，音响铿锵，形式匀称均衡，念起来朗朗上口，也易于记忆。

有些谚语是复句的结构形式，一般是由两个分句组成，这两个分句的字数一般是对等的，很整齐均衡，即两个三言分句，或两个四言分句，或两个五言

五言 指五言四句而又合乎律诗规范的小诗，属于近体诗范畴。有仄起、平起两格。五言诗体源于汉代乐府小诗，深受六朝民歌影响。五言绝句仅二十字，便能展现出一幅幅清新的画图，传达种种真切的意境。因小见大，以少总多，在短章中包含着丰富的内容。

艺术短语

熟语

■ 谚语：种瓜得瓜，种豆得豆

■ 谚语:远亲不如近邻,近邻不抵对门

《增广贤文》
明代编写的儒家
儿童启蒙书目,
又名《昔时贤文》
《古今贤文》。此
书集结了从古到
今的各种格言、
谚语。后来,经
过明、清两代文
人的不断增补,
才改成现在这个
模样,称《增广
昔时贤文》,
通称《增广贤
文》。

分句,或两个六言分句,或两个七言分句。

很多古代谚语都是从故事中提炼而来的,是人们经验和智慧的总结,如"得饶人处且饶人",《增广贤文》和《吴下谚联》中都收有此句谚语。常见搭配是"遇饮酒时须饮酒,得饶人处且饶人"。宋代俞文豹的《常谈出处》记录了这样一个故事。

蔡州褒信县有个道士善于下围棋,开始他只在本县下棋,日久竟无敌手,于是离开本县向京城走去。走一城赢一城,走一县赢一县。走到京城,和当时的著名国手对弈,竟又赢了。逐年下来,下棋所赢的银子,使他成了富翁。

他的年纪也逐渐大了,深悔过去下棋过于认真,损伤了很多人的面子。因此,他写了首诗,最后两句是:"自出门来无敌手,得饶人处且饶人!"此后下棋便心存容让,有意给人家留点儿面子,不让别人输得太厉害,最后他也得了个"国手"的称号。

后人便用"得饶人处且饶人",说明凡是能原谅别人时,就宽宏大量一些,别把事情做绝了。

还有一部分古代谚语来自诗句,如"聪明反被聪明误"，这句谚语是讥讽那些费尽心思、不择手段地钻营取巧，结果事与愿违，反而害了自己的人。它来源于北宋文学家、词人、诗人苏轼的一首《洗儿》诗。诗云：

> 人皆养子望聪明，我被聪明误一生。
> 唯愿孩儿愚且鲁，无灾无难到公卿。

因为诗中有"我被聪明误一生"一句，后人便把它当作"聪明反被聪明误"的来源。

还有一些古谚语来自历史典故、民间传说等，另外，还有相当一部分谚语源自人们的生产、生活的经验总结。

■ 谚语：得饶人处且饶人

谚语：书读百遍，其义自见

随着时间的流逝，社会的发展，谚语的内容也不断更新，一些古老的、不合时宜的谚语逐渐淡出人们的生活，同时，又不断产生一些新的、符合时代要求的谚语，一些旧的谚语也不断被赋予新意。总体来看，谚语不断丰富，内涵逐渐厚重，艺术色彩也更加绚烂多彩。

阅读链接

谚语带有地方的特点。广州方言有句谚语说："奸奸狡狡，朝煲晚炒；忠忠直直，终须乞食。"这是对社会中一些不合理的现象的一种讽刺。其中的"朝""煲""乞食"都是广州方言词语。

不同地区因气候和耕作特点不同，一些农谚反映的经验也不同，如江苏常熟一带有"冬青花开，梅雨残"的农谚，是说冬青花开，梅雨就结束了。而浙江义乌一带却有农谚说"冬青花开，梅雨来"，是说冬青花开，梅雨就开始了。一个是说梅雨结束，一个是说梅雨开始，反映了两个地方不同的气候情况。又如苏北有"清明两旁泡稻种，端阳两边秋"的农谚，是说在清明的时候才浸稻种；广东却有农谚说："清明秧，谷雨谷。"是说在清明的时候已有秧苗了，比苏北早了一个季节。

通俗而流行的定型俗语

南北朝时期，北周大将军元胄深得丞相杨坚的器重，两人相处得非常好。北周的赵王招预谋杀害杨坚，篡夺帝位。一次，他设宴请杨坚吃饭，吃饭期间不准侍从进入。

元胄料到赵王招心怀叵测，便强行跟随杨坚入内。酒过三巡，赵王招用佩刀刺瓜递给杨坚吃，想乘机刺杀杨坚。元胄看出其用心，便对杨坚说："相府有事，请丞相回府！"

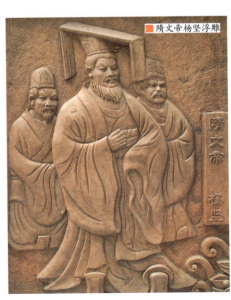

隋文帝杨坚浮雕

赵王招气愤地斥责他说："我正在与丞相谈论朝政大事，你这是干什么！给我滚开！"

元胄瞪圆了眼睛，手扶着刀柄，一脸怒气。赵王招马上换了

俗语：射人先射马，擒贼先擒王

一副面孔，满脸堆笑地对他说："你不必多心，别在那里瞎猜疑，来来来，请入席饮酒……"

元胄没有听赵王招的话，手扶刀柄，站立不动。赵王招又想出一个办法，他装模作样地央求元胄说："我嗓子干得厉害，请你去厨房给我弄些水来！"

元胄乘机对杨坚耳语："赶快离开这里，赵王招要杀你！"

杨坚惊道："不会吧，他没有兵马呀，怎么能反叛呢？"

元胄说："他是先下手为强啊！"说罢扶着杨坚便走。赵王招从屋内追出，元胄用身子挡住门口让杨坚顺利地逃回了相府。

后来杨坚诛杀了赵王招，并建立隋朝，做了开国皇帝，称为隋文帝。元胄因护卫杨坚有功，被升为右卫大将军。

人们根据这个故事概括出了"先下手为强，后下手遭殃"这句俗语，久而久之，这句话在人们当中流传开来，常用来比喻先下手可以取得优势，后动手常常吃亏。

像"先下手为强，后下手遭殃"这样具有口语性和通俗性，简练而形象化，并广泛流行的定型的语句被称为俗语，也叫常言、俗话等。

"俗语"一词，最早见于西汉司马迁《史记·滑稽列传》中褚少孙补写的《西门豹治邺》一文：

<blockquote style="color:orange">民人俗语曰："即不为河伯娶妇，水来漂没，溺其人民"云。</blockquote>

大意是说：老百姓中间流传的俗语有"假如不给河伯娶媳妇，就会大水泛滥，把百姓都淹死"的说法。这里的"俗语"一词，就是指民间流传的说法。

后来，西汉经学家刘向的《说苑·贵德》和班固的《汉书·路温舒传》引述路温舒写给汉宣帝信中的话语，正式用"俗语"来指通俗、形象、广泛流行在人们当中的定型语句：

<blockquote style="color:orange">故俗语云："画地作狱，议不可入；刻木为吏，期不可对。"此皆疾吏之风，悲痛之辞也。</blockquote>

俗语历史悠久，使用广泛，名目繁多，说法不一，有里言、俚言、乡言、俗言、传言、常言、迩言、恒言；里谚、野谚、古谚、乡谚、俗谚；里语、俚语、民语、常

《说苑》 又名《新苑》，西汉学者刘向的一本著作，共二十卷，以记述春秋战国至汉代诸子言行为主，不少篇章中有关于治国安民、家国兴亡的哲理格言，主要体现了儒家的哲学思想、政治理想以及伦理观念。

■ 俗语：刻木为吏，期不可对

方言词 是指流行在方言地区而没有在普通话里普遍通行的词。方言的地区有大有小，有很多狭小地区所使用的方言词也叫土语词。由于我国幅员辽阔，方言词十分丰富，如温州方言词、内蒙古方言词、新疆方言词、重庆方言词等。

语、古语、鄙语、俗话、古话、炼话、常谈、俗谈等。从这些繁杂的名称中可以看出，人们对于俗语的理解并不一致。

从广义来看，俗语包括谚语、歇后语、惯用语和口头上常用的成语，但不包括方言词、俗语词、书面语中的成语，或名著中的名言警句；从狭义来看，俗语是具有自己特点的语类之一，不同于谚语、歇后语，但一些俗语介乎几者之间。

俗语大多数是劳动人民创造出来的，反映人们的生活经验和愿望，因此，通常具有很强的通俗性。另外，俗语通常是人们对事理的总结和概括，因此，具有一定的哲理性和精练性。

俗语字数不定，少则五六字，多则十几字，甚至有的有二十多字，言简意赅，概括性强。

俗语十分讲究修辞，常用修辞手法有比喻、比

■ 俗语之歇后语：韩信点兵——多多益善

拟、借代、夸张、双关、对偶、顶真、映衬、层递等。其中比喻是俗语最常用的修辞手法，这类俗语往往用人们非常熟悉的事物，如飞禽走兽、花草树木、农田作物、生活用品等，来说明抽象、陌生事物，使深奥的道理变得浅显易懂。

借助这些通俗、富有哲理而又精练的俗语，可以更好地、更形象地说明问题，表达感情，可以把晦涩难懂的问题阐释清楚明白，把感情抒发得更加淋漓尽致。如"人心不足蛇吞象"这句俗语形容人心不足，贪得无厌。

■ 俗语：不为五斗米折腰

人们根据传说，改编了一则"蛇吞象"的故事：古代有个穷苦猎人叫阿象，他怜悯一条小蛇，精心把它饲养大。此后，阿象一再向青蛇索取，使自己变成了富翁。由于他贪得无厌，终于被青蛇一口吞掉了。这个故事就是"人心不足蛇吞象"俗语的提炼过程。

俗语的形成、来源很广，既来自人们的口头创作，也和诗文名句、格言警语、历史典故等有关系。"清官难断家务事"是一句流传了几百年的俗语，明代作家冯梦龙在《古今小说·滕大尹鬼断家私》中，以及清代作家曹雪芹在《红楼梦》中都用"常言道""俗语说"引用过此语。

"清官难断家务事"这句俗语来源于一个故事。

055

艺术短语

熟语

冯梦龙（1574年—1646年），明代文学家、戏曲家，字犹龙，又字子犹，号龙子犹、顾曲散人、姑苏词奴等。出身士大夫家庭。冯梦龙的作品比较强调感情和行为，最有名的作品为白话小说《喻世明言》《警世通言》和《醒世恒言》，合称"三言"，是我国白话短篇小说的经典代表。

俗语：大意失荆州

北宋年间，有一位叫赵秉公的县令。他勤政廉洁，断案公平，颇有声望，百姓称颂他为"清官"。

一次，赵秉公的一位同窗好友来访，对他说："你断刑律命案很有一套，对民事家务是否能断？"秉公说："这有何难，不妨一试。"

同窗向他介绍说："我乡有一张姓老汉，家有两个儿子，生活过得还算富裕。后来两个儿子都娶妻生子，成为多口之家。时间一长，因家务事儿两个儿子都想分家另过。开始张老汉不同意，可总闹别扭。后来老汉想通了，分就分吧。张家有宅院两处，田地二十亩，你来断断这家怎么分？"

赵秉公说："这还不好分？二一添作五。两个儿子一人一处宅院，一人十亩田地。"

同窗又说道："可是这样分不尽合理。因为大儿子下有三子，已经成人，二儿子下有一子，尚未成人。大儿子家人多，二儿子家人少，这样分岂不偏向二儿子？"

赵秉公听了后说："是啊，都是老汉的孙子，那就按儿子分宅院。按孙子人数分地，一人五亩，老大得十五亩，老二得五亩。"

然而，同窗又道："这样仍不尽合理。地都分了，宅院也分了，老汉却没地方住了。"

"照此说来，国人一向讲究四世同堂，五世其昌，团团圆圆，干脆还是不分为好啊！"赵秉公答道。

同窗说："刚才我问了三问，你断了三个结果，哪个算断得公正呢？这还没完。一年后，二儿子得病死了，二儿媳守着一个十几岁的孩子过活十分艰难，有了再嫁之意。可张老汉不同意，你说该不该嫁？"

"女子在家从父，出嫁从夫，夫亡从子。按'三从'来说，不应改嫁。"赵秉公又答道。

"可是，前朝和当朝的公主，寡后尚可改嫁。为什么农妇就不可呢？这样断公正吗？"

赵秉公一时回答不上来，这位同窗说："都说你是个清官，可见清官也难断家务事啊！"

"清官难断家务事"这句俗语就是这么来的。人们常用这句俗语来比喻家庭纠纷，外人很难搞清楚，无从断言谁是谁非的家务事。

万事俱备，只欠东风

清官难断家务事

生活中，俗语的应用非常广泛，如白披一张人皮、半斤对八两、饱汉不知饿汉饥、说曹操曹操到、家和万事兴、县官不如现管、新官上任三把火、身正不怕影子斜等都是人们耳熟能详的俗语。

阅读链接

俗语和成语都是汉语中的约定俗成的语言形式，二者关系密切，既有联系又有区别。俗语注重形象，成语讲究精练。俗语多为完整的句子，长短不一，运用时可以变通；成语多为四个字的稳定结构，形式整齐。俗语流行于人们的口头上，文字上保持着通俗的特点；成语多用作书面语，文字上趋向典雅。

就外延来说，俗语和成语有交错的情况。俗语虽然以形象为主体，但也不排除精练；成语虽然以精练为特色，但也不排除形象。成语虽然绝大多数是四字结构，但也有一些是由四个以上的字组成的；俗语句式虽然长短不齐，但也有少量是由四个字组成的。俗语虽然多为口语，但已广泛进入文学作品；而随着人们教育水准的提高，成语在口语中也经常使用。这样，俗语和成语就可能互相渗透，存在着交错现象。俗语语句结构如果趋向整齐，就有可能转化为成语；成语如果增加形象化的成分，就有可能转化为俗语。

集体智慧产物的谜语

在远古时期，原始先民以狩猎为生。当时，生产力水平低下，制造工具的能力十分落后，狩猎的工具和手段也极为原始。

到了黄帝统治中原大地时期，社会生产力有所提高。捕猎和耕种已成为获取食物的普遍方式，并且不断改进。有个聪明的猎人发明了

■ 灯谜

■ 春节猜灯谜

一种新的狩猎工具，那就是弓弹，也叫弹弓。弓弹既可以射鸟，又可以射兽。依靠弓弹，人们猎获的猎物较以前增加了不少。

有人依据弓弹的制造和用途，创作了一首民歌《弹歌》。这首民歌用精练的语言概括了"弹"生产制造的过程和"弹"的用途，表现了劳动人民的智慧和聪明，以及用"弹"来猎取食物的喜悦心情。

《弹歌》很简单，只有短短的八个字：

断竹，续竹，飞土，逐肉。

"断竹，续竹"，是歌咏"弹"的生产制作过程。这就是先将竹竿截断，然后用弦将截断的竹竿连接两头制成弹弓。这样，"弹"的制作就完成了。

有了"弹"，一场紧张激烈的狩猎活动开始了："飞土，逐肉。"一颗颗弹丸从弹弓中射出，击中猎物，人们欢乐地追逐着，满载而归。"飞土"，是指将泥制的弹丸射出。"逐肉"是说猎手们追赶被击伤的鸟兽之类的猎物。

这首远古民歌没有直言弓弹的制造和使用的过程，而是采用了曲折隐喻的表达形式，展示人们制作弹弓、猎杀野兽的情形。八个字所指何物，就像谜一样引发人们的猜想。

到了春秋战国时期，这种曲折隐喻的表达形式已经十分流行，并有了名称，叫"廋辞"和"隐语"。什么叫隐语呢？南朝梁代刘勰在《文心雕龙》中的解释是：

遁辞以隐意，谲譬以指事也。

就是说，运用闪烁的言辞和诡异的比喻以达到"隐意""指事"的目的。在书中，刘勰还列举了古

■ 猜灯谜

书中许多关于隐语的事例。

有些君主喜欢隐语，而不愿意听直截了当的忠言。《文心雕龙》中有"楚庄齐威，性好隐语"的记载，其中有这样一个记载：

> 庄王即位三年，不出号令，日夜为乐，令国中曰："敢谏者死。"伍举入谏，……曰："愿有进隐，曰：有鸟在于阜，三年不蜚（飞）不鸣，是何鸟也？"庄王曰："三年不蜚（飞），蜚（飞）将冲天；三年不鸣，鸣将惊人。举退矣，吾知之矣！"

这段话核心意思是：楚庄王在即位的三年中，耽于淫乐，不问国事，而又拒绝纳谏，下令有敢谏者必处以死刑。伍举只得用大鸟作比喻进行讽谏。楚庄

■ 元宵节猜灯谜

王知道伍举的意思，同样以隐语的形式将自己的想法告知了伍举。

到了汉代时，出现了射覆活动，就是把东西放在器物里面让人猜，猜者猜中后，要用隐语回答。

魏晋南北朝时期，这种"曲折隐喻"的隐语现象有了重大发展，并最终出现了"谜语"这一称谓。刘勰在《文心雕龙》写道："自魏代以来，颇非俳优，而君子嘲隐，化为谜语。"此外，道："谜也者，回互其辞，使昏迷也。"这一定义一直沿用下来。

■ 花灯上的灯谜

魏晋南北朝以后，谜语逐渐流行。最早见之于书传的谜语是南朝宋鲍照的《鲍参军集》中的三则《字谜》，其中"井"字谜是这样的：

二形一体，四支八头。

五八一八，飞泉仰流。

"二形一体"指横向是二形，纵向也是二形，组

鲍照（415年—470年），南朝宋文学家，字明远。鲍照家世贫贱，临海王刘子顼镇荆州时，任前军参军。刘子顼作乱，鲍照为乱兵所杀。鲍照长于乐府诗，其七言诗对唐代诗歌的发展起了很重要的作用。代表作品为《鲍参军集》。

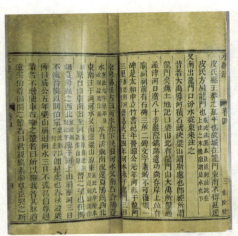

《魏书》

成一体。"四支八头"是四笔支起，形成八端。"一八"是指"井"字的本义为"八家为井"。"五八"是指井字中4个十字交叉的巷口。

综合一下，第一句交代笔画，第二句表述字形，第三句赋以市井之义，第四句引申为泉井之义。这则字谜用拆字兼会意法，写出了"井"字的形体。

《魏书·咸阳王禧传》中载有一段有关咸阳王与龙虎猜谜的故事：北朝北魏献文帝之子咸阳王拓跋禧因谋反事败，被官兵到处追捕。

拓跋禧从洪池向东南奔逃，跟随他左右的只有少数几个人了。拓跋禧对随行的龙虎说："我心中忧虑，请作个谜语猜猜，以解烦闷。"龙虎忽然想起一个旧谜，说：

眠则俱眠，起则俱起。
贪如豺狼，赃不入己。

拓跋禧猜道：这是"眼睛"。而龙虎说谜底是"箸"，就是筷子。这是最早见于书传的物谜了。

以上两则谜语，一则是打一字，一则是打一物，都是通过一首诗的形式设的谜面，要猜的谜底蕴含在诗中，诗中有谜，谜史上最早出现的谜语，就是与诗

诗歌 我国最早的文学形式之一，在远古时，我们的祖先在从事繁重的集体生产劳动时，为了协调动作和减轻疲劳，每每发出有节奏的劳动号子，那种自然而顺畅的韵律就是诗歌的起源。在我国古代，不合乐的称为诗，合乐的称为歌，后世将两者统称为诗歌。

歌紧密联结在一起的。

从唐朝到宋朝，谜语逐渐盛行，文人雅士聚会时经常作为游戏，并常以谜语作为互相斗智逗趣的手段。宋代谜语的迅速发展，造就了一批专业谜语和谜社组织，同时诞生了"灯谜"这一谜语新形式。

灯谜是写在彩灯上面的谜语。人们将写上谜语的彩条系在五彩花灯上，供人猜射。明清时代，猜灯谜在民间十分流行。

在明清两代，出现了一些研究谜语的论著和收录谜语的专集，其中有冯梦龙的《黄山谜》，黄周星的《廋词四十笺》及贺从善的《千文虎》等。

在清代，谜语进入了成熟期，人们便开始追求谜语扣合的严谨，并不断摒弃冗长拖沓的句式，崇尚以大众熟悉的成语或通俗语句为谜面，谜底由原来的文字、事物、人名扩展到诸子百家、四书五经，甚至俗语、中药、地名、书名等，这极大地扩宽了谜路，促

四书五经 四书和五经的合称，是儒家经典的书籍的合称。四书指的是《论语》《孟子》《大学》和《中庸》，这些是古代科举考试必考的内容；五经指的是《诗》《书》《礼》《易》《春秋》。《礼》通常包括三礼，即《仪礼》《周礼》《礼记》。四书之名始立于宋代，五经之名始称于汉武帝时。

■ 元宵节灯谜

押韵 又叫压韵，是指在诗词歌赋的创作中，在某些句子的最后一个字，都使用韵母相同或相近的字，使朗诵或咏唱时，产生铿锵和谐感。这些使用了同一韵母字的地方，称为韵脚。任何诗歌都要求押韵，这是诗歌同其他文学体裁的最大分别之一。

■ 灯笼上的灯谜

进了谜语的发展。

谜语可分成两大类，一类叫事物谜，就是常说的谜语，也叫民间谜语；另一类叫文义谜，也就是常说的灯谜。

从制作者来分，谜语又可分为民间谜语和文人谜语。民间谜语也就是群众创作的谜语。群众创作的谜语一般都是口头创作，在长期流传过程中，不断地演变，便成为集体创作了。

文人谜语产生的年代远远晚于民间谜语。文人谜语，有些是文人自己创作，有些则是文人根据民间谜语加工改写的。其词句比较文雅，如果进行比较就可以看出两者的差别。

民间谜语的谜面字数较多，而且是合辙押韵的歌谣，其中以四句形式出现的较多。具有语言通俗，生动形象，朗朗上口，适合口头传诵的特点。

谜语一般由谜面、谜目和谜底3部分组成。谜面是猜谜时以隐语的形式表达描绘形象、性质、功能等特征，供人们猜射的说明文字。

谜面是灯谜提出问题的部分，通常由精练而富于形象的诗词、警句、短语、词、字等组成。谜面文字要求简洁明了，通俗易懂。

谜面可以说出来让人猜，也可以写出来。一般来讲，民间谜语，包括简单的字谜，多是说出来的，灯谜则要写出来。

中秋猜灯谜

谜目是指谜语中所要猜射事物的属性、分类范围和数量，是谜面和谜底之间的媒介及纽带。谜目附在谜面的后边，比如"打一字""打"是"猜"的意思，"打一字"就是"猜一字"。一般谜目规定的谜底是一个，也有的是两个或者几个。

谜底就是谜面所提出问题的答案。谜底字数一般很少，有的是一个字、一个词、一个词组，有的是一种事物的名称或者动作，还有的是一两句诗词。

由于灯谜的不断发展，通常使用的创作谜语方法已远远不能满足人们的需求。于是人们又创造出了各种各样的迷格，借助它们来制作谜语。

按照谜格的规定，或者把谜底中字的位置移动一下，或者把谜底中的字读成谐音，或者对谜底中文字的偏旁部首进行一番加工整理，然后再去扣合谜面。

谜格的作用是提示谜底必须作出某种改变。不同的改变形式有相

■ 灯会上的灯谜

七言 古诗体名。全诗每句七字或以七字句为主。七言诗是起源于先秦和汉代的民间歌谣。汉、魏之际七言诗极少，在南北朝时期至隋朝渐有发展，直到唐代，才真正发达起来，成为我国古典诗歌又一种主要形式。

应的谜格及相应的格名。最常用的谜格有秋千格、卷帘格、徐妃格、求凰格、白头格、梨花格、蝇头格、遥对格、解铃格、摩顶格、骊珠格、上楼格、下楼格、红豆格、梨花格等。

谜语的形式，无论民间谜语也好，文人谜语也好，它的谜面多是运用诗的形式，有四言的，有五言的，更多的是七言的。对于它的艺术特点，《文心雕龙》作过专题论述。其中写道：

谜也者，回互其辞，使昏迷也。或体目文字，或图像品物，纤巧以弄思，浅察以炫辞，义欲婉而正，辞欲隐而显。

这段话准确地揭示了谜语的奥秘所在。所谓"回互其辞"，是指谜语的谜面，不能说得明白如话，必须迂回曲折，使人迷惑，才能引起人们猜射的兴趣。

所谓"体目文字，图像品物"，是指谜底猜射的范围，既有字谜又有物谜。所谓"义欲婉而正，辞欲隐而显"，这是成谜的要诀。谜面的措辞要求委婉隐约，但是又必须能紧紧地扣合谜底，使猜射者经过苦思冥想后恍然大悟，一箭中的。

一则谜语，令人一望便知其底的，当然不是好谜，使人百思不得其解的，也不能算是好谜。显而不隐，不行；隐而不显，也不行。"婉而正""隐而显"，正揭示了谜面与谜底之间的辩证关系。

一则谜语，从猜射者角度来说，总是从谜面着手进行揣摩、推敲，然后射中谜底。若从创作者角度来说，则须先选好题材，确定谜底，然后根据谜底设计谜面。

谜语历经数千年的演变、发展、完善才形成完整的体系格局，其中不同时期的谜语体现了不同时期的特点，但无论哪个时期的谜语，都承载了那个时期厚重的历史文化，反映了那个时代的社会风貌。

阅读链接

除了最早的字谜外，其他谜语之最还有很多，人们所熟知的有：最早的文谜，是南朝宋代刘义庆所著的《世说新语·捷悟篇》中记述的汉代蔡邕创作的谜语，其谜面是"黄娟幼妇外孙齑臼"，分扣"绝妙好辞"四字。

最早的诗谜，是南朝徐陵编选的诗歌总集《玉台新咏》中的"藁砧今何在"的古诗。全文是："藁砧今何在，山上复有山。何时大刀头，破镜飞上天。"谜底是"夫出半月当还"。

最早的灯谜，始于南宋。记载于南宋周密撰的《武林旧事·灯品》："以绢灯剪写诗词，时寓讥笑，及画人物，藏头隐语，及旧京诨语，戏弄行人。"

最早的以图画悬猜谜底的"画谜"，始于明朝，记载于明朝徐桢卿撰的《剪胜野闻》中画面为一妇人赤脚怀抱大西瓜，谜底是"淮西妇人好大脚"。

幽默风趣的歇后语

姜子牙陶俑

那是在我国商朝末年，在陕西渭水边上，有个叫姜子牙的人隐居在那里。他原先在商纣王手下当官，后来不满商纣王的胡作非为，就到商朝的诸侯国周国来了。他早已听说周文王贤明，是个胸怀大志的人，就想来投奔他。但他又不愿意主动送上门去，于是就在渭水边隐居下来。

姜子牙每天都到渭水河边去，坐在岸边钓鱼。但他的目的并不是要钓到河水中的鱼，而是想引起周文王的注意，希望周文王主动来找他。于是，他钓鱼用的鱼钩不是弯的，而是一根直钩。鱼钩上也不安放鱼饵。他常常是一边高高地举着钓竿，一边自言自语地说："不想活的鱼儿啊！你自己上钩来吧！"

当然，姜子牙这样钓鱼是永远也钓不到河里的鱼的，但是他的古怪行为终于引起了人们的注意，并且传到了周文王的耳朵里。周文王对姜子牙的古怪行为产生了兴趣，他派人打听姜子牙到底是何许人也，为什么有此古怪的行为。

派去的人很快就从四面八方返回来，他们将打探来的消息告诉了周文王。周文王了解到姜子牙是个军事奇才，而且胸怀大志，正是他所需要而又一直寻觅不到的人物。

周文王匆忙带着随从来到渭水河边，见到姜子牙后，诚心诚意地请姜子牙辅佐自己，成就大业。姜子牙在渭水河边钓鱼的目的已经达到，于是，他很高兴地答应了。

后来，姜子牙辅佐周文王和周武王灭了商朝，建立了周王朝，完成了自己成就一番大业的心愿。姜子牙就是姜尚，人们又叫他姜太公。

姜子牙在渭河边钓鱼吸引周文王关注自己的事被人们挂在嘴边，并流传开来，后来人们在述说这件事时，都将这件事概括为"姜太公钓鱼——愿者上钩"这样一种语言形式，比喻心甘情愿地上圈套。

■ 歇后语：姜太公钓鱼——愿者上钩

周武王 姬姓，名发，是周文王与太姒的次子。他继承父亲遗志，于公元前11世纪消灭商朝，夺取了全国政权，后建立了西周王朝。在战争中表现出卓越的军事才能，在位时又表现出卓越的政治才能，成为中国历史上的一代明君。死后谥号"武"，史称周武王。

歇后语：八仙过海——各显神通

《旧唐书》是一部记载唐朝历史的纪传体史书。共有二百卷，包括本纪二十卷、志三十卷、列传一百五十卷。由五代后晋时刘昫、张昭远等人所撰。主要记载了唐朝自高祖武德元年，即618年至哀帝天祐四年，即907年，共二百九十年的历史。原名为《唐书》，自北宋文学家宋祁、欧阳修等所编著《新唐书》同世以后，才改称为《旧唐书》。

这种由前半截和后半截组成的语言形式渐渐为人们所喜欢，所传颂，久而久之，成了一种固定的语言形式。

这种语言形式短小、风趣、形象。它由前后两部分组成，前一部分，即前半截，起"引子"作用，后一部分，即后半截，起"后衬"作用，两者结合起来十分自然贴切。在一定的语言环境中，通常说出前半截，"歇"去后半截，就可以领会出它的本意。

作为一种语言形式和语言现象，早在《战国策》中就有所体现，如《战国策·楚策四》载："亡羊补牢，未为迟也。"意思就是说，丢失了羊再去修补羊圈，还不算太晚。

最早出现"歇后"这一名称是在唐代。《旧唐书·郑綮列传》中提到的"郑五歇后体"。"郑五歇后体"是一种"歇后"体诗，即以歇后形式写的诗文。从这以后，歇后语这一名称正式诞生。

古代的歇后语虽然很少见于文字记载，但在民间流传却是很多的，如清代史学家钱大昕《恒言录》所载："千里送鹅毛，礼轻情意重，复斋所载宋时谚也。"反映出这个歇后语在宋代就有了。这类歇后语言简意赅，含义丰富，流传广泛而久远。

歇后语的前一部分用来对某一事物，或某一行为动作，或某一情况状态加以比喻、形容或描绘，后一部分用来对前一部分所说的意思加以解说和点明，所以一个歇后语所要表示的含义一般在后一部分，后一部分是主要意思所在。

如"擀面杖吹火——一窍不通"，前一部分"擀面杖吹火"说的是一种具体的行为动作。擀面杖是用来擀面的木棍，中间密实无孔，不能通气，当然是不能用来吹火的。用擀面杖吹火，这种行为是违背客观规律的。

后一部分"一窍不通"就是用来对这种行为动作的解说。"一窍不通"的"窍"，是指通气的窟窿，古人把两眼、两个鼻孔、两个耳朵和嘴称为七窍，所以"一窍不通"就是说七窍中没有一个是通气的，因此用来形容不明事理或见闻狭隘的人。

有些歇后语前一部分一般也是说出一件具体的事情，后一部

《恒言录》 清史学家钱大昕考证俗语常言的书，共6卷，收词语800余条，分为吉语、人身、交际、毁誉、常语、单字、叠字、亲属称谓、仕宦、选举、法禁、货财、俗仪、居处器用、饮食衣饰、文翰、方术、成语、俗谚等共19类，不但收录了不少双声叠韵词，同时还注意收集等义和近义词。编写体例接近于现代词典。

歇后语：鲁班门前耍斧——有眼无珠

歇后语：诸葛亮隆中对策——先声夺人

分也是对这件具体的事情加以解说，但是所要表示的意思却不是这个解说的意思。这个解说的意思只是表面上的意思，而暗中却隐藏着另一个意思，那隐藏着的意思，才是这个歇后语所要表示的意思。

如"外甥打灯笼——照舅"，后一部分"照舅"是对前一部分"外甥打灯笼"加以解说而得来的意思，但这只是表面上的意思，实际上所要表示的意思是"照旧"，也就是说某种情况和原来一样，并没有改变。

"照旧"，就是"照舅"暗中隐藏的意思。因为"舅"跟"旧"同音字，表面上说"舅"，实际上是指"旧"，拐了一个弯。这种言在此而意在彼的方法称为双关语。因为是借同音词来示义的，即借谐音来表示双关语，所以这种双关语被称为谐音双关语，这种歇后语就叫作谐音双关歇后语。

有些歇后语，在具体使用的时候，只说出前一部分，没有把后一部分说出来。如"哑子吃黄连——有

谐音 利用汉字同音或近音的条件，用同音或近音字来代替本字，产生辞趣的修辞格。谐音广泛用于谜语、成语、谚语、歇后语等熟语之中。谐音容易引起听讲者之间的误会，因此，需要注意理解本意。

苦说不出"，只说"哑子吃黄连"，把"有苦说不出"隐去不说。

歇后语多数来自口语，被引用的都是人们所常见和熟知的日常事物，如"画上的苹果——好看不能吃""热锅上的蚂蚁——走投无路"等，这些歇后语的前一部分说的都是很平常的事物或事情，但感性很强，具体形象，通俗易懂。

歇后语的分类有多种，常见的主要分为四大类：第一类是谐音类。这类歇后语是利用同音字或近音字相谐，由原来的意义引申出所需要的另一种意义。看到这类歇后语，往往要转几个弯子才能恍然大悟，因而更有兴味，如空棺材出葬——目（墓）中无人。

第二类是喻事类。这类歇后语是用客观的或想象的事物作比方。如果对设比事情的特点、情状有所了解，就自然能领悟后半段的"谜底"，如冷水发面——没多大长进。

第三类是喻物类。这类歇后语是用某种或某些物件、动物作比方。了解了设比物的性质，也就能领悟它的意思，如棋盘里的卒子——只能进不能退。

第四类是故事类。这类歇后语一般是引用常见的典故、寓言和神

歇后语：刘备访贤——三顾茅庐

■歇后语：诸葛亮唱
空城计——化险为夷

刘备（161年—
223年），字玄
德，东汉末年幽
州涿郡人，西汉
中山靖王刘胜的
后代，三国时期
蜀汉开国皇帝。
刘备早年颠沛流
离，投靠过多个
诸侯，后于赤壁
之战中与孙权联
盟击败曹操，趁
势夺取荆州，而
后进取益州，建
立了蜀汉政权。

话传说等作比方，如刘备借荆州——只借不还。

歇后语具有鲜明的民族特色，浓郁的生活气息，幽默风趣，耐人寻味，如"铁公鸡——一毛不拔"这个歇后语，出自清代袁枚的《子不语·铁公鸡》。故事是这样的：

古时候有个人十分小气，他的衣服总是破了补，补了穿，从来舍不得做一件新的。他吃完饭之后，总要把碗舔一遍，舍不得扔掉一颗饭粒。村上人家结婚，家家都要送些礼物去祝贺，他送的礼物总是最寒酸的。不要以为他家很穷，其实他家并不穷。

有一次，村上的一个人得了急病，请了大夫来看病，大夫开完药方后说，这味药在煎时要两根七寸长

的公鸡羽毛做药引子。病人的家属找遍了全村都没有找到大公鸡。忽然有人想起他家每天都有一只公鸡打鸣，叫声很大，想必他家有一只大公鸡。

　　病人的家属来到他家，果然见一只大公鸡在院中啄食。但他一听要拔他家公鸡的毛便十分不乐意。在病人家属的再三请求下，他才说，这样吧，病人需要吃鸡补养身体，我这只鸡也正想卖。你们就出五钱银子把这只鸡买去吧。那家人因急着要用鸡毛做药引子，只好花五钱银子买走了那只大公鸡。其实，在市场上买这样的鸡连二钱银子都用不了。

　　后来，村上的人都说他家的鸡都像"铁公鸡"一样，一根毛都拔不下来。这个故事慢慢流传开来，并演化成了"铁公鸡——一毛不拔"的歇后语。

歇后语：包公断案——认理不认亲

歇后语属于民间流传得最广的语言文化之一，集诙谐幽默于一体，集中反映了人们的聪明才智。歇后语用字通俗、口语化，富有鲜明、生动、活泼的特点，有时语带双关，更添几分幽默。

随着语言的丰富，歇后语也不断地丰富和充实起来，不但流传在口头上，同时也为其他语言形式所借鉴和引用。

汉字汉语与文章体类

阅读链接

歇后语历经几千年的发展，其内涵和外延不是固定不变的，多少有所变化。《中国语言文字大百科全书》中对歇后语的定位富有代表性，它将歇后语定义为"说话的时候把一段常用词语故意少说一个字或半句而构成的带有幽默性的话语"。

歇后语通常有两种形式。一种是原始意义的歇后语，也叫"缩脚语"，指把一句成语的末一个字省去不说，如《金瓶梅》里来旺媳妇说"你家第五的'秋胡戏'"，就是用来影射"妻"，因为"秋胡戏妻"是有名的故事、剧目。也有利用同音字的，如称"岳父"为"龙头拐"，影射"杖"字，这里代替"丈"。另外一种是扩大意义的歇后语，在北京叫俏皮话，是指可以把一句话的后面一半省去不说。如"马尾拴豆腐"省去的是"提不起了"。有时候也利用同音字，如"外甥打灯笼——照旧（舅）"。

汉语是汉族的语言，由汉朝而得名，但汉语的使用却要远远早于汉朝，是中华民族的祖先所使用的语言的一个发展。可以说，汉语是世界上最古老的语言，是至今仍通用的、使用时间最长的语言之一。

汉语历经了几千年的发展演变，有着极其丰厚的历史和文化内涵，在对古文明的记载和传承方面起着不可替代的作用。汉语的形和义，不仅积淀了悠久的文化传统，还凝聚着丰富的民族心理、民俗风情。汉语讲究严格的词序、句序，稍有颠倒，表意则变，然而方块之间却也自由灵动、意味无穷。汉语言简意赅，又有突出的逻辑性、隽永的含蓄性。

鲜明特色

词汇

作为语言变体的方言

　　我国古代先民使用的汉语比较单纯。后来由于社会的发展，居民逐渐向四周扩展，或者集体向适于生存的地方迁移，形成相对独立的语言环境，或者和其他民族融合，汉语就逐渐地发生分化，产生了分

说北方话的官人和店主

四川方言

肉嘎嘎　牙尖嘴嚼　吃莽莽

布在不同地域的语言变体。

这些语言变体是语言分化的结果，在语音、词汇、语法上各有其特点。后来这种语言变体被称为地方语言，简称为方言。

汉语方言有很多，归结起来有北方方言、吴方言、闽方言、湘方言、赣方言、粤方言和客家方言等。

宋元时期，由于各种原因，很多汉人来到华北、东北、西北、湖北、四川、重庆、云南、贵州、湖南北部等地区，他们长久居留在这些地区，有的甚至在这些地方永久居住下去，由于受当地语言的影响，久而久之，具有各地特色的北方方言开始形成。

北方方言流行于华北、东北及西北地区、湖北大部、四川、重庆、云南、贵州、湖南北部、安徽中北部、江苏中北部等地区。

北方方言流行地区十分广泛，遍及全国大部分地区，而且使用人数也最多，在众多方言中有着突出的地位，由此被称为官话方言。

宋元时期官话方言在形成之后，在南北方分别发展，分化成了北方官话和南方官话。北方官话分为华北官话、西北官话。南方官话分为西南官话、江淮官话。

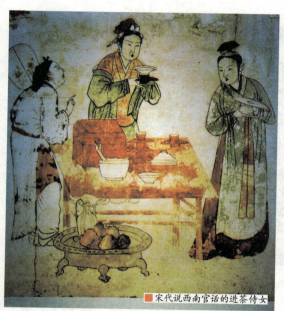
宋代说西南官话的进茶侍女

华北官话主要分布在北方东部，通行于北京、河北、河南、山东、辽宁、吉林、黑龙江、内蒙古等地区，以北京话为代表。

西北官话主要分布在北方西部，通行于山西、陕西、甘肃等地以及青海、宁夏、内蒙古的一部分地区，以西安话为代表。

新疆汉族使用的语言也属西北官话。山西及其毗邻陕北部分地区、河南黄河以北地区保留古入声字，自成入声调，不同于一般西北官话，但也不同于华北官话。

西南官话主要分布在南方西部，通行于湖北大部分地区，云南、贵州、四川、重庆等汉族地区以及湖南、广西两地区北缘地带。西南官话地域辽阔，但内部比较一致，以成都话为代表。

江淮官话俗称下江官话，主要分布在南方东部，通行于安徽长江两岸地区，江苏长江以北大部分地区,长江南岸镇江、南京，以及江西沿江地带。

江淮官话是官话方言中内部分歧较大、语言现象较为复杂的一支。其中南通泰州一带的江淮官话和主流官话差异很大，有六至七个音调。

周朝先祖周太王的长子名叫太伯，次子名叫仲雍。周太王的三子姬季历承袭王位后，太伯、仲雍二人带领自己的族人南迁到江苏一带，并在太湖流域建立了诸侯国吴国。

泰伯及其族人的语言和当地土著的语言古越语渐渐融合，逐渐形成古吴语。秦汉时期，古吴语流传到东南地区，形成闽语。六朝初，诞生了吴语这一名称，指吴地的方言。西晋末，大批北方人南迁，吴语又受到了北方话的影响。

隋唐时，国家安定兴盛，吴语得到巩固、分化。宋代时，吴语不但得到进一步的发展，并已形成南北各片的基本状况。

明代，随着苏州的经济文化水平的提高，吴语的影响遽然加大。吴语口语大量出现在文献记载当中，冯梦龙的《山歌》十卷中，前九卷成篇使用吴语。当时的吴语词汇、语法已经基本固定。

明朝末年，吴语人口占全中国的20%，当时白话小说《豆棚闲话》真实记录了当时的吴语口语。

周太王 姬姓，名亶，又称古公亶父。"亶"后加一个"父"字，表示尊敬，并不是名叫"亶父""古公"也是尊称。相传，他是轩辕黄帝的第十五世孙、周祖后稷的第十二世孙，他是周朝先公，其后裔武王建立周朝时，追谥他为"周太王"。

■ 明代的商人

吴语通行在江苏南部、上海、浙江以及安徽南部、江西东部等地区。典型的吴语以苏州话为代表。其中安徽西南部受赣语影响，浙江南部保留了较多古代百越语言特征，以至不能与作为典型吴语的太湖片吴语通话。

吴语保留了中古汉语的模糊入声，也保留了较多古汉语用字用语。吴语具有八个声调：阴平、阴上、阴去、阴入、阳平、阳上、阳去、阳入。

秦汉时期，上古吴语分化出一支，流传到东南地区，称为闽语，也叫闽方言。闽语主要分布于福建、台湾、海南的大部分地区，以及广东、广西、浙江的部分地区。

闽语保存了许多上古汉语的特色，同时也有不少古闽越语的遗留，内部分化最显著。最先分闽北、闽南两种，后又分闽中、闽东、闽南、闽北、莆仙五种。

唐代时期，在洞庭湖以南，包括湘姿二水流域，设湖南节度使，

汉字汉语与文章体类

说闽南话的沿海居民

福建说闽南话的沿
岸居民

才出现了湖南这一称呼。宋朝时，置荆湖南路，简称
湖南路。元明两代设湖南道。湖南渐渐成为一个人口
密集的地区。与此同时，湘语也开始形成。

　　湘语也叫湘方言或湖南话，是生活在湘江流域及
其支系一带湖湘民间使用的主要语言，临近湖南的重
庆和广西部分地区也通行湘语。

　　湘语又可以分为老湘语和新湘语。老湘语主要分
布在衡阳、湘乡一带，受外部方言影响较小。新湘语
主要流行于长沙和湘北，受官话方言和赣方言的影响
比较大。

　　西南官话形成过程中，受到湘方言极大影响，但
同时，湘方言中的长益片湘语也受到了西南官话的较
大影响，所以西南官话与湘语有一定的相似之处。

　　秦国统一六国之后，由于经济政治上的需求，秦
始皇组织了一系列强制性的人口迁移。很多人被强迫

秦始皇（前259
年—前210年），
我国第一个称皇
帝的封建王朝君
主，秦庄襄王之
子，十三岁继承
王位，三十九岁
称皇帝，在位
三十七年。秦始
皇创建皇帝制
度，实行三公九
卿制度。地方上
废除分封制，代
以郡县制，同时
又统一度量衡。
对外北击匈奴，
南征百越，修
筑万里长城，修
筑灵渠，沟通水
系，奠定了中国
两千余年政治制
度的基本格局。

■ 说赣语的古代农民

到赣江一带生活。汉朝初年，汉高帝刘邦派颖侯灌婴修筑南昌城。两晋南北朝时，又有很多人南下移民到此，这里逐渐形成了一种新的汉语方言，即古赣语。

隋唐时期，随着外来文化的不断影响，赣语也增加了不少新的词汇，如新传入的中亚文化中的伊斯兰词汇、佛教文化的梵语词等。

到了五代十国时期，赣语的基本形态最终得以确定。此外，隋唐之后江西地区成为全国十道之一的"江南道"，社会经济得到快速发展，人口剧增，江西地区的人口向外迁移。赣语也随之"迁移"到了新地区。

赣语以南昌话为代表，又称老表话、江右语等，通用于江西大部、湖南东部、湖北东南部、安徽西南部和福建的西北部等地。

历史上江西时常与周边地区划分为同一行政区域，如曾与湖广同为楚国、与浙江同为吴国、与福建同为百越、与广东同为"江西行省"，中原不断有移民徙居江西，因此赣语同周边汉语都有着或多或少的关系，其中与湘语的关系最为密切。

秦汉时期，汉语传播到岭南地区，与当地古越语相融合逐渐产生一种新的语言，称为"越语"，在古代"越"和"粤"是相互通用的，所以"越语"也叫"粤语"。明清以后，"越语"和"粤语"有了区别，前者多用于江浙吴语地区，后者多用于岭南地区。

在宋代，两广别称"两粤"，广东为"粤东"，广西为"粤西"。后来"粤"才逐渐收缩范围被用作广东地区的简称。

粤语通行于广东珠江三角洲地区、广东西部、广西中南部及东南部地区、海南西部地区、香港、澳门等地区，以广州、香港为中心。

秦朝时，一部分中原汉族人南迁到广东东部地区，以后不断有汉人来此定居，这些汉人被当地人称为客家人。

这些汉人的南迁也带来了他们当时所在地的语言，这些语言与当地的语言渐渐地融合，最终形成了一种新的语言。南宋时，这种新的语言形式初步定型。其语音在继承古汉语的基础上，发生了有规律的音变。

从宋代开始，广东梅州和汀州地区的语言引起当时人们的注意。明代《永乐大典》引宋代某氏《漫游集》《过汀州》诗一首："地势西连广，方音北异闽。"说明了当时汀州地区语言与福建其他地区的

说客家方言的客家人

语言不同。

20世纪初，这种语言形式被定名为客家语。客家语简称客语，在广东东部、北部、福建西部、江西南部、广西东南部等地通行客家语，其中福建、广东、江西三地区交界处，是客家语最为集中的区域，惯称客家大本营。

客家话是在北方移民南下影响中形成的，因而保留了一些中古中原话的特点。一般认为，客语和中古汉语之间的承袭关系较为明显。用客语朗诵中古汉语的作品，如唐诗、宋词，韵律方面比官话、普通话要吻合得多。

客家语按其口音的不同，主要分成三大类：岭北类、岭南类、槎语类。客家各方言地方特色很强，环绕梅县的有平远、大埔、蕉岭、兴宁、五华、丰顺等县，几乎每个县的客家语都各自有其特色，可以看

■《永乐大典》

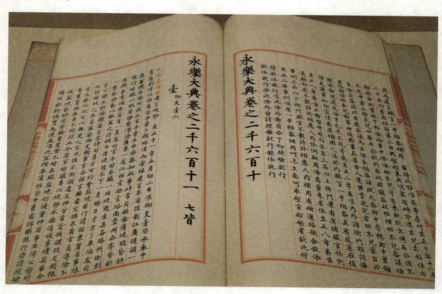

成一种独立的
方言。

在不同客语
方言里，声调也
有所不同。绝大
多数的客语都具
有入声，共有五

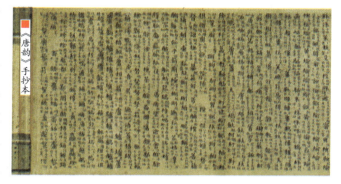

至七个声调。在长汀城关话里，入声消失了；东江本地话等方言则保
留了早期客语去声分阴阳的声调特点，而共有七个声调。

隋文帝杨坚定都长安，建立隋朝的前后期间，北方地区长期在北
方游牧民族统治之下，汉族习俗文化发生了极大的变化，隋文帝一心
想恢复汉族礼乐制度。为此，隋文帝做了很多恢复汉族文化的举措，
其中包括命陆法言等编著《切韵》，审定比较经典、纯正的汉语。

唐代时，在《切韵》的基础上，制定《唐韵》作为唐朝标准音，
规定官员和科举考试必须使用唐韵。

宋代又在《唐韵》的基础上，制定《广韵》。后来由于《广韵》
和当时的语音差别很大，南宋时代的刘渊又编写了《平水韵》。

元代时，汉人礼乐风俗、语言文化发生了巨大变化。其语言以首
都大都话为基础，制定《中原音韵》，作为标准音。这样，《广韵》
的标准音地位丧失了。并且，北方的方言有朝着大都话靠拢的趋势。

进入明代，明太祖朱元璋误以为宋代的《广韵》是出于江浙一
带，于是即位第八年，朱元璋命乐韶凤、宋濂参考典籍中的中原音韵
和当时的南京话，编著《洪武正韵》作为官方韵书。

清政府建立后，虽然定满语为国语，但全国通行的实为汉语。满
族人进入北京后学说北京官话汉语，又把自己的满语音韵和发音习
惯、特色文化词汇带入自己的满式汉语，形成满汉语言成分融合的京

腔旗人话。

　　清中期，随着对汉臣的倚重，且为提高办公效率，清宫上朝一律改用北京话，满语仍是国语，但不再充当官话。1728年，雍正皇帝确定北京官话为官方用语。到清中后期，北方的大多数地区都向以北京话为基础的新官话靠拢，北京话成为在全国范围内流通最广的语言。

　　1909年，清政府把官话称为国语。1911年，清朝学部通过《统一国语办法案》，以京音为准的官话为国语，取代原来满语的地位，并且加大力度推广。后来，以北京语音为标准音，以北方方言为基础方言，又以现代白话文著作为语法规范的语言形成了，这就是普通话。

　　普通话对方言的语音、词汇、语法都有一定影响，同时也从各方言中吸收营养，从而使其本身更丰富，更好地发挥交际工具的作用。

　　随着社会的发展，人们交往的频繁，方言的交际作用逐渐缩小，使用普通话进行交往的人越来越多，普通话的交际作用日益突显，逐渐成为人们交往的最主要的语言工具。

阅读链接

　　在古代，我国没有统一的发音标准，汉语口语在各地发音有所变化，而且有些变化很大。有人认为汉语语族只有汉语一种语言，只是口语发音有所不同；有人认为汉语族包含闽语、粤语、客语、吴语、赣语、官话、湘语七大语言。闽语内部也有很多分支，在语言学上都归属于闽语语群，其下的闽南语、闽东语、闽北语、闽中语和莆仙语则为单一语言。

　　前一个观点将闽语、粤语、客语、吴语、官话、晋语、赣语、湘语等列为汉语的方言；而后一种观点认为汉语是一簇互相关联的亲属语言。但即便按照后一种观点，汉语依然是一门语言，即既是由一簇亲属语言组成的语族，综合来看又是一门语言。

从文言到白话文的演绎

　　春秋战国时期，记载文字用的是竹简、丝绸等物，但是用竹简和丝绸记载文字有很大的弊端，竹简过于笨重，而且记录的字数有限。用丝绸记录，价格又过于昂贵。为了能在"一卷"竹简上记下更多事

■古代竹简

■ 韩愈画像

汉字汉语与文章体类

情，或节省下一块丝绸，书写时常将不重要的字删掉。久而久之，这种习惯固定了下来。

这种书写习惯的特征是以文字为基础来写作的，主要注重典故、骈骊对仗、音律工整且不使用标点。在历朝历代来往的公文中，这种习惯一直延续不断。

唐朝时，汉语中的口语有了较大的变化，书面上的语言分为两种：一种书面语是模仿上古汉语书面文献的书面语，比如六朝作家和唐宋八大家的散文，称为"文言"；另一种是在当时口语的基础上所形成的书面语，称为"古白话"。

唐代文学家韩愈提倡散文，反对骈体。骈体起源于汉魏，成熟于南北朝，讲究对仗和声律，四字六字相间，称"四六文"。韩愈反对这种注重形式、束缚思想的文体，提倡接近口语、表意自由的文言散文，使文体恢复到未受骈体束缚以前的时代。

唐代时，寺庙宣传佛教，用讲故事的方法吸引群众。通常情形是讲故事的人一边展示图画，一边说唱故事。图画称为"变相"，说唱底本称为"变文"。有散文韵文相间的，有全部散文的。这是早期的古白话写就的。

宋代的"语录"也是一种早期的白话文学。起初，禅宗佛徒辑录师傅言谈，用口语体。后来，宋代理学家程颢、程颐的门人，也用口语体记录老师的言论。"语录体"是一种古白话文。

宋元间的说书人讲说故事的底本称为"话本"。"话"是故事，"本"是底本，分为小说和讲史两类。前者多为白话短篇，后者是浅近文言的长篇。

唐宋时期，文言与古白话有了一定的差别，而与口语差别就更大了，文言只作为书面上的语言来使用，与普通百姓的距离越来越远。

在古代，要表述同一件事，用"口头语言""书面语言"来表述，最终的效果也是不同的，比如，想问某人是否吃饭了，用口头语言表述，是"吃饭了吗？"而用书面语言进行表述，却是"饭否？""饭否"就是文言文，这里，"饭"名词作动词用，意思为吃饭。

人们把用文言写成的文章，称为文言文，先秦诸子、两汉辞赋、史传散文、唐宋古文、明清八股等都属于文言文的范围。

"文言文"中，第一个"文"字，是美好的意思。"言"字，是写、表述、记载的意思。最后一个"文"字，是作品、文章等的意思，表示的是文种。

与"文言文"相对的是"白话文"。"白话文"的意思是"用常

辞赋 我国古代文学中的一种文体，起源于战国时代。汉朝人集战国时期楚国诗人屈原等人所作的赋称为楚辞，后人泛称赋体文学为辞赋。辞赋语句上以四、六字句为主，并追求骈偶；语音上要求声律谐协；文辞上讲究藻饰和用典；内容上侧重于写景，借景抒情。

■ 文言文雕刻

古白话章回小说《红楼梦》

用的直白的口头语言写成的文章"。

进入元、明、清时期，文言和古白话并行存在，既有模仿上古的书面语，如桐城派的散文；又有在当时口语的基础上形成的古白话，比如章回小说《水浒传》《西游记》《红楼梦》等。古白话虽然在民间得到广泛传播。但是，文学的主流和正宗还是文言文。

清朝晚期，开始有意识地提倡白话，兴起了被称为"新文体"的"通俗文言文"，学者黄遵宪引俗话入诗，反对崇古，他在1868年写的新诗，是文体解放的开路先锋：

我手写我口，古岂能拘牵？即今流俗语，我若登简编？五千年后人，惊为古烂斑！

光绪时的举人裴廷梁在《论白话为维新之本》文章中提出"崇白话、废文言"。他说：白话有"八益"，其中"省日力、免枉读、便幼学、炼心力、便贫民"等项是先进思想。

1898年，裴廷梁创办《无锡白话报》，极力提倡

举人 原意是被荐举之人。汉代取士，无考试之法，朝廷令郡国守相яo荐举贤才，因以"举人"称所举之人。唐、宋时有进士科，凡应科目经有司贡举者，通谓之举人。至明、清时，则称乡试中试的人为举人，也称为大会状、大春元。中了举人叫"发解""发达"，简称为"发"。习惯上举人俗称为"老爷"，雅称则为"孝廉"。

白话文，进行文体改革，同年他在《苏报》上发表著名论文《论白话为维新之本》。

在这之后，革新思潮澎湃，学界掀起反对旧文学，提倡新文学的运动高潮。旧文学不是指旧时期的文学，而是指旧性质的文学，它的特点是文体是文言的，内容是陈腐的，思想是封建的。

新文学不是指新时期的文学，而是指新性质的文学。它的特点是文体是白话的，内容是新颖的，思想是革命的。

在"反对文言文，提倡白话文"的口号下，文言文最终为白话文所取代。从此，白话文不只用于通俗文学作品，还在全社会上普遍应用起来。

白话文浅显通俗，语言生动、泼辣、粗犷、生活气息浓厚，富有表现力。白话文与大众口语有紧密关系，白话文"大众化"，就是将白话说得大多数人都能懂的程度。

白话文主要有四种，分别是官话白话文，又叫京白；吴语白话文，又叫苏白；粤语白话文，又叫广白；韵白，也叫中州韵白话文。在明代，韵白是明政府定的官话。除了这四种，还有很多白话。统称

■ 古籍《四书白话解说》

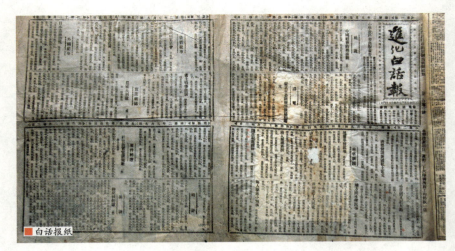

■ 白话报纸

为"土白"。生活中所常说的白话文，指的是官话白话文。

文言文形式规范，并且用词用字较为统一。而由于方言的差异，白话文在各地差别较大，因此交流呈现出地域差异的特性。

白话文是发展的需要，它简练，通俗易懂，对传播新思想，繁荣文学创作，推广普通教育，起了非常重要的作用。

阅读链接

在汉语历史上，各个不同时期，都有所谓的"白话"。白话是相较于文言而言的，没有文言，也就无所谓白话。最早的文言，跟当时的白话基本一致。甲骨文、金文、《尚书》就是当时的口头语，被记录下来，即白话。但在后人看来，它们同时又是"文言"的始祖。

白话里有大量的词以及很多说法，是文言里不用的。与文言有牵连的人大多是上层的，与白话有牵连的人大多是下层的。在过去人的眼里，文言和白话有雅俗之分，居于社会上层的人用雅的，即用文言，而居于社会下层的人则用俗的，即白话。文言和白话并存，且相互影响，可是影响力的大小不同，文言影响大，白话影响小。另外，文言大致是超方言的；白话则不然，虽然大多用所谓官话，却常常不能离开方言。

厚重丰富的词语典籍

汉语是语音和语义的结合体，这是汉语语法单位基本的特点。语素是最小的语法单位，也就是最小的语音、语义结合体。

词是最小的能够独立运用的语言单位。语素单独使用时就是词，不单独使用时就是构词成分。单独使用的语素，如天、地、人；不能单独使用的语素，如但、霁、馄等。不能单独使用的语素需要和其他语素结合成词。

汉语的词，也称为词语。汉语的词语极为丰富，它们的集合体称为词汇，其中也包括性质和作用相当于词的固定词组，如成语。

■《尔雅》

■ 《尔雅注疏》

《尔雅》是最早的一部搜集词语、解释词义的书，是古代第一部词典特征的书籍，同时也是儒家十三经之一。"尔雅"中的"尔"或作"迩"，意为"近"；"雅"意为"正"，引申义为"标准"。"尔雅"就是"使语言接近标准"的意思。

《尔雅》按照词义系统和事物分类来编纂，全书收词语4300多个，分为2091个条目。全书共19篇，分别为《释诂》《释训》《释亲》《释器》《释宫》《释天》《释地》《释丘》《释山》《释水》《释草》《释木》《释虫》《释鱼》《释鸟》《释兽》和《释畜》。

19篇中的前3篇与后16篇有显著的区别，从内容的类别来看，可以分为六类：一类是专门解释字义词义的，有《释诂》《释言》《释训》；第二类是解释有关人事和生活用器名称，为《释亲》《释宫》《释器》《释乐》；第三类是解释有关天文的，有《释天》；第四类是解释有关地理的，有《释地》《释丘》《释山》《释水》；第五类是解释有关动物的，有《释

儒家十三经 儒家十三部经典著作，分别是《诗经》《尚书》《周礼》《仪礼》《礼记》《周易》《左传》《公羊传》《谷梁传》《论语》《尔雅》《孝经》《孟子》。儒家十三经作为反映先秦历史和文化状况的古籍，具有很大的价值。

鸟》《释兽》《释畜》《释虫》《释鱼》；第六类是解释有关植物的，有《释草》《释木》。

具体解释情况是：《释诂》是对古代词汇的解释。《释言》是对一些动词和形容词的解释。《释训》解释连绵词和词组，以及形容词和副词。《释亲》解释亲属的称呼。《释宫》是对宫室建筑的解释。《释器》是对日常用具、饮食、衣服的解释。

《释乐》是对乐器的解释。《释天》是对天文历法的解释。《释地》是对于行政区划的解释。《释丘》是对丘陵、高地的解释。《释山》是对山脉的解释。《释水》是对河流的解释。

《释草》《释木》是对植物的解释。《释虫》《释鱼》是对动物的解释。《释鸟》《释兽》《释畜》是对动物的解释。

其中"释诂"是解释古代的词，它把古已有之的若干个词类聚在一起，作为被训释词，用一个当时通行的词去解释它们；"释言"是以字作为解释对象，被训释词大多只有一两个；"释训"专门解释描写事物情貌的叠音词或联绵词；等等。

由于古代分类学还不发达，对词的分类并不是很清楚，因此，对很多词的解释很简单、模糊，甚至是错误的。

由于尔雅解释得非常简单，它所涉及的许多语言知识不容易被人理解，因此后代又出现了许多注释、考证它的著作。

《尔雅》初稿形成于战国末年，经过代代相传，各有增

■ 扬雄塑像

益，西汉时被整理加工始成定稿。唐朝以后将它列入"经部"，成为儒家经典之一。

《尔雅》是我国训诂学的开山之作，在训诂学、音韵学、词源学、方言学、古文字学方面都有着重要影响。自它以后的训诂学、音韵学、词源学、文字学、方言学乃至医药本草著作，都基本遵循了它的体例。

后世还出了许多仿照《尔雅》写的著作，被称为"群雅"，由研究《尔雅》也产生了"雅学"。

秦朝以前，每年八月，政府派遣"辒轩使者"，即乘坐轻车的使者，到各地搜集方言，并记录整理。这些材料由于战乱而散失。

汉朝初年，古文经学家扬雄的老师严君平收集了1000多字，扬雄对此非常感兴趣，他搜集整理了很长时间，经过27年，最终写成了一部解释汉语方言比较词汇集，称为《辒轩使者绝代语释别国方言》，简称《方言》。

《方言》收录了大约9000字。释词基本上是按内容分类编排的。释词一般是先列举一些不同方言的同义词，然后用一个通行地区广泛的词来加以解释，还要说明某词属于某地方言。也会提出一个通名，然后说明在不同方言中的不同名称。

《方言》大致分为13卷，卷一、二、三是语词部分，其中有动词、形容词、名词；卷四解释衣服；卷五解释器皿、家具、农具等；卷六、七解释词语；卷八解释动物名；卷九解释车、船、兵器等；卷十解释词语；卷十一解释昆虫；卷十二、十三往往解释一词，而没有方言词汇比较方面的内容。

《方言》以各地的活方言作为记录对象，不受文献记载和文字形义的限制，但注重地域差别，这在研究方法上为后世树立了优良传统。后代学者为《方言》作注疏的著作有多种，其中影响较大的有《方言注》《方言疏证》和《方言笺疏》等。

随着语音的发展变化和方言的客观存在，到唐朝初年，汉魏以来为经典注音的情况已显得比较混乱，阅读十分不便。音韵学、训诂学家陆德明以"典籍常用，会理合时"为基本原则，在校理群书的基础上，编著了《经典释文》三十卷。

《经典释文》是解释儒家经典文字音义的书，包括《周易》1卷，《古文尚书》2卷，《毛诗》3卷，《周礼》2卷，《仪礼》1卷，

101

鲜明特色

词汇

■ 古书籍《续方言》

《礼记》四卷，《春秋左氏传》6卷，《公羊传》1卷，《谷梁传》1卷，《孝经》1卷，《论语》1卷，《老子》1卷，《庄子》3卷，《尔雅》2卷。

《经典释文》对所注之书，均标明书名和章节，然后摘录字句，注释音义，绝大多数字都标明反切或直音。不仅为经典本文注音，而且为注文注音，全书共收录汉魏六朝二百三十余家的各种音切和诸家训诂。因绝大多数音训原书都已失传，因此，本书保存的资料弥足珍贵，后世治文字、音韵、训诂之学者，均推崇此书。

宋光宗时，陈骙出任吏部侍郎，后又历任权礼部尚书、同知枢密院事、参知政事等职。陈骙对修辞学很有研究，他朝温夕诵，沉浸古籍，勤于札记，条分缕析，撰成了一部最早的修辞学专著，那就是《文则》。

《文则》论及了语法、句法、辞格、文章、风格、文体等多方面内容，初步建立了大修辞学体系，体现了后来修辞学界所倡导的广义修辞观。陈骙用动态的辩证的眼光提出了不少真知灼见，体现了动态的辩证的修辞观。

《文则》一书的诞生，是古代修辞理论研究的一次大飞跃，在修辞学史上具有极大的贡献，并且对后世修辞学具有重大的影响力。

古籍《经典释文》

清嘉庆年间，汉学研究十分兴盛，汉学家王引之博搜例证，考其源流演变，编著了《经传释词》十卷。

《经典释文》

《经传释词》是解释经传古籍中虚词的专著，专以古文虚词为考论对象，共收虚字160个，虽以单音虚词为主，但有同义虚词连用的，也偶然论及。书中对诸词特殊用法的训释，有独到之处，取得了超越前人的成就。

《经传释词》可补《尔雅》《说文解字》《方言》诸书遗漏之处，对后世有重大影响，后世《古书虚字集释》《广释词》之类的著作，虽有所补苴，但其贡献都没有超过《经传释词》。

清朝晚年，经学家俞樾见周、秦、汉三代的书，用词造句，与后世多有不同，抄传刊刻多有讹误，音义变易多有歧意，后人阅读、理解极为不便。

俞樾博览古书诸经，分类总结概括，论说古书中造句特点、诠释方法、语言习惯、各种致误原因等，每说必详为例证，以明其意。最后著成《古书疑义举例》7卷。

《古书疑义举例》涉及的范围相当广泛，共有88例，内容非常丰富，包括文字、音韵、语法、修辞、词汇、校勘、句读、句段、篇章等方面的内容都有所论及，可以说，包括了训诂学的方方面面。

《古书疑义举例》自传刻之后就受到了学者们的高度重视，赢得了很高声誉。梁启超称之为"训诂学之模范名著"，刘师培叹之为

鲜明特色

词汇

"发千古未有之奇"的绝作。

清末著名学者马建忠认为国家贫穷落后的原因，在于掌握知识的载体——汉语太难，难的原因是"隐寓"在汉语中的"规矩"，即语法规则，没有被揭示出来。

他以拉丁文法研究汉文经籍的语言结构规律，于1898年开始编纂语法书，经十余年的探讨，编纂了我国第一部较系统的语法著作——《文通》，通称《马氏文通》。

《马氏文通》十卷，共三十多万字，它是第一部用现代语言学理论研究我国语法的著作，在我国语言学史上具有划时代的意义，对我国语法体系的建立有极大的促进作用。

除了上述这些重要的词语典籍，其他比较重要的词语典籍还有《助字辨略》《骈字类编》《分类字锦》《佩文韵府》等。

阅读链接

《尔雅》最早著录于《汉书·艺文志》，但未载作者姓名。关于它的作者和成书时间历来说法不一。有的认为是孔子门人所作，有的认为是周公所作，后来孔子及其弟子作过增补。后人大都认为是秦汉时人所作，经过代代相传，各有增益，在西汉时被整理加工而成。

绝大多数人认为《尔雅》成书的上限不会早于战国，因为书中所用的资料，有的来自《楚辞》《庄子》《吕氏春秋》等书，而这些书是战国时代的作品。

书中谈到的一些动物，如狮子，据研究，因为地域所限，战国以前是见不到狮子的。《尔雅》成书的下限不会晚于西汉初年，因为在汉文帝时已经设置了《尔雅》博士，到汉武帝时已经出现了犍为文学的《尔雅注》。

文体

　　文体是指文章、文学作品的体裁，通常包括诗歌、散文、小说和戏剧。在这四种文体中，诗歌出现最早，它源于原始人的劳动呼声即号子，是一种有声韵、有歌咏的文学。散文内容广泛，表达含蓄，意味深长。

　　小说主要通过描写完整的故事情节和具体的环境，塑造多种多样的人物形象。戏剧属于综合性舞台艺术，是借助文学、音乐、舞蹈等艺术手段塑造舞台艺术形象，揭示社会矛盾，反映社会生活的。

　　除了这四大文体，我国传统文体还包括寓言、童话、应用文、对联等，它们也是非常重要的文体，我国丰富多彩的传统文化正是通过这些多姿多彩的文体展现出来的。

中华文化明珠的诗歌

　　远古时期，生产力极其低下，为了生存，人们要集体生活，集体劳动，利用集体的智慧来应付恶劣的自然环境。

　　人们在劳动的过程中，如搬运重物或捕猎大型凶猛的动物时，都会自然而然地从口里发出各种高低长短不同的呼声即号子，一唱一和，同动作的节奏配合以减轻疲劳。如《淮南子·造应训》中说：

古籍《淮南子》

　　今夫举大木者，前呼"邪许"，后亦应之，此举重劝力之歌也。

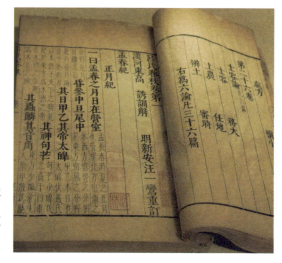

■ 《吕氏春秋》战国末年秦国丞相吕不韦集合门客们共同编撰的杂家代表名著。全书分为十二纪、八览、六论，共12卷，160篇，二十余万字。该书注重博采众家学说，以儒、道思想为主，融合墨、法、兵、农、纵横、阴阳家等各家思想。吕不韦自己认为其中包括了天地万物古往今来的事理，所以号称《吕氏春秋》。

另外，在集体生活、集体劳动中，人们还需要相互配合和发表意见，这样就刺激了声音的发展，逐渐可以发出较为复杂的声音了。随着人们语言能力进一步的发展，在这些呼声中添上有意义的语词便形成正式的歌谣了。

原始先民的歌谣源于劳动的韵律，因此，最初歌谣的形态常与原始的音乐、舞蹈结合为一体，其内容大都是生产或狩猎行为的重演仿真，或者是劳动过程的回忆。《吕氏春秋·古乐篇》说：

昔葛天氏之乐，三人操牛尾，投足以歌八阕。

葛天氏的乐歌是一面歌唱，一面挥舞着用牛尾做成的道具跳舞。而在《尚书·尧典》中也说：

予击石拊石，百兽率舞。

它描写了人们将石器之类的工具作为乐器，有节奏地敲打，然后模仿各种野兽的姿态跳舞。通过这两则记述，可以看出最早的歌谣是集歌、舞、乐三位一体的，这也就是最原始的诗歌。

多姿多彩

文体

伊耆氏的《蜡辞》是一首古老的农事祭歌，也是远古时期的歌谣。作品原文是这样的：

土反其宅，水归其壑，昆虫毋作，草木归其泽！

大意是：风沙不要作恶，泥土返回它的原处。河水不要泛滥，回到它的沟壑。昆虫不要繁殖成灾。野草丛木回到沼泽中去，不要生长在农田里。

另外，早期的诗歌还有古代哲学著作《周易》中的卦爻辞，这也是我国诗歌的早期形式。不过这一时期的诗歌太过于零散，我国诗歌主要还是起源于先秦时期的《诗经》《楚辞》和汉代的《乐府》等。

《诗经》是我国最早的一部民歌词集，它汇集了从西周时期至春秋中叶500多年间流行于我国广大北方黄河流域的民歌，其鲜明的特点是运用现实主义的艺术手法，真实地反映了当时的社会生活等方面的内容。

《诗经》

《诗经》总共305篇，最初称《诗》，因为后来汉代儒家学者把它奉为经典，于是把它叫作《诗经》。

《诗经》中诗歌都是可以入乐歌唱，它所收集诗章就是根据音乐的不同而分作《风》《雅》《颂》三部分的。

"风"是带有地方色彩的音乐，"风"诗是从周南、召南、邶、鄘、卫、王、郑、

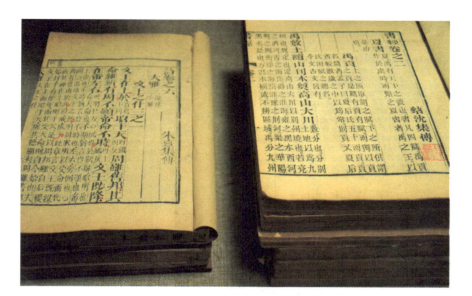

齐、魏、唐、秦、陈、桧、曹、豳等15个地区采集上来的土风歌谣，即《国风》，共有160篇。大部分是民歌。

《诗经·大雅》

"雅"是周王朝直辖地区的音乐，称之为正声雅乐。按音乐的不同又分为《大雅》31篇，《小雅》74篇，共105篇。除《小雅》中有少量民歌外，大部分是贵族文人的作品。

"颂"是宗庙祭祀的舞曲歌词，内容多是歌颂祖先的功业的。"颂"诗又分为《周颂》31篇，《鲁颂》4篇，《商颂》5篇，共40篇。全部是贵族文人的作品。

《诗经》里大量运用了赋、比、兴的表现手法，加强了作品的形象性，这使诗歌获得了良好的艺术效果。赋是指平铺直叙，铺陈、排比；比是指类比，比喻；兴是指托物起兴，先言他物，然后借以联想，引

宗庙 古代帝王、诸侯或大夫、士为维护宗法制而设立的祭祀祖宗的处所。天子、诸侯设立的宗庙一般设于门中左侧，大夫设的宗庙一般的位置是庙在左而寝室在右。庶民则是寝室中灶堂旁设祖宗神位。

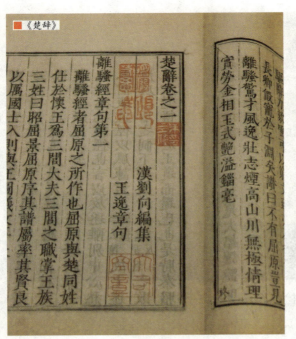

《楚辞》

出诗人所要表达的事物、思想、感情。

《诗经》中赋、比、兴表现手法的运用，对于后代的诗歌发展有着极大的启发，也是后代诗歌在形式上的鲜明的借鉴，对整个诗歌发展史起着不可估量的作用。

战国后期，以屈原为首的楚国诗人创作了一种新的诗体，这就是楚辞。楚辞"书楚语，作楚声，纪楚地，名楚物"，具有十分浓厚的地方色彩。

《楚辞》是我国的第一部浪漫主义诗歌总集，是我国浪漫主义文学的源头。它借由对神话和传说的描写，表达丰富的思想情感。它把《诗经》的四言体民歌发展成了一种句式自由、韵脚多变的"骚"体歌。在节奏和韵律上独具特色，更能呈现精彩细腻的艺术技巧。

屈原的《楚辞》体大量运用铺陈华美、生动瑰丽的辞藻，借助赋比兴手法，赋予草木、鱼虫、鸟兽、云霓等自然事物以人的意志和生命，用以寄托自身的思想感情，增加了诗歌优美的本质。

在我国古代文学种类中，讲究文采、注意华美的流派，可以溯源到屈原。其句式可长可短、篇幅宏大、内涵丰富复杂的诗歌形式对后来歌行体诗歌产生了深远影响。

继《诗经》《楚辞》之后产生了一种新诗体，由于它是被称为乐府的专门机构收集编辑，可以配乐歌唱的诗歌，因此称之为乐府。

汉代乐府诗歌是汉代诗歌的代表，它是在《诗经》《楚辞》和秦汉民歌的基础上发展起来的，大致经历了从民间歌谣到文人创作，从乐府诗歌到文人徒诗即"古诗"，从四言体到五言体，从骚体到七言体，从叙事诗到抒情诗的发展过程。

汉乐府在诗歌史上有极高的地位，与诗经、楚辞可鼎足而三，另外它在我国诗歌史上，起着承前启后的作用。它既继承、发扬了《诗经》的现实主义传统，也继承、发扬了《楚辞》的浪漫主义精神。汉代诗歌中，最有思想、艺术价值的，一是乐府民歌民谣，二是文人五言诗。

至唐代，诗歌发展达到最高峰，也是诗歌体裁形成和完善的时期。唐代诗歌不仅数量超出以前各代诗歌总和的两三倍以上，而且质量极高，题材也极为丰富，诗体大备，名家辈出。

这种繁荣的局面是唐代诗人继承和发扬《诗经》《楚辞》以来的优良传统，广泛总结前人的创作经验，百花齐放、推陈出新的结果。它显示出我国古典诗歌

五言 指五言四句而又合乎律诗规范的小诗，属于近体诗范畴。有仄起、平起二格。五言诗体源于汉代乐府小诗，深受六朝民歌影响。五言绝句仅二十字，便能展现出一幅幅清新的画图，传达某种真切的意境。因小见大，以少总多，在短章中包含着丰富的内容。

多姿多彩

文体

■《楚辞·总辨》

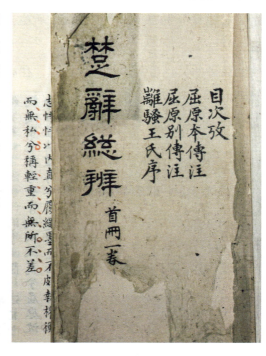

已发展到完全成熟的阶段。

唐诗基本形式有6种：五言古体诗、七言古体诗、五言绝句、七言绝句、五言律诗、七言律诗。以律诗、绝句为代表的"近体诗"和以歌行体为代表的"古体诗"可以作为唐诗的代表。

近体诗格律非常严格，篇有定句，句有定字，韵有定位，字有定声，联有定对。例如起源于南北朝时期，成熟于唐代初期的律诗，每首四联八句，每句字数必须相同，可以用四韵或者五韵，中间两联必须对仗，第二、四、六、八句必须押韵，首句可押可不押，可见要求是非常严格的。

杜甫是律诗创作成就最高的诗人之一。他在律诗形式方面的成就，对我国诗歌艺术作出了巨大贡献。在杜甫以前，七律多用于宫廷应制唱和，这类诗内容贫乏，其语言也平缓无力，而在这以外，佳作也为数不多。而杜甫的诗，不但在声律上把七律推向了成熟，更重要的是杜甫充分发展了这一诗歌形式所蕴含的丰富内容。由此，杜甫被誉为"诗圣"。

唐诗的另一重要形式是歌行体，在唐代众多诗人中，李白是歌行体诗的集大成者。李白的性格决定了他诗歌的形式特点，当他的澎湃诗情无法被寻常形象所容纳时，他就展开天马行空式的想象和幻想，

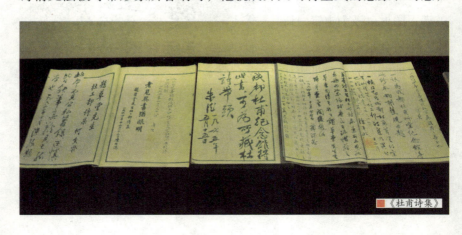

《杜甫诗集》

来实现艺术的变形。这种变形依据是诗人感情的强度，它使形象突破常规而染上了奇幻的色彩。因此，李白被誉为"诗仙"。

■杜甫画像

至宋代，诗歌艺术发展成了一种词的形式。宋词本是一种合乐的歌词，所以又称"曲子词""乐府""乐章""长短句""诗余""琴趣"等，它开始于唐代，定型于五代时期，全盛于宋代。

词是一种音乐文学，它的产生、发展，以及创作、流传都与音乐有直接关系。宋词源于唐代的曲子词，句子有长有短，和乐曲紧密结合在一起，可以歌唱。宋词每首词都有一个调名，叫作"词牌名"，依调填词叫"依声"。

宋词大致可以分为婉约派、豪放派。婉约派主要内容侧重儿女风情，其结构深细缜密，重视音律谐婉，语言圆润，清新绮丽，具有一种柔婉之美。

豪放派创作视野较为广阔，气象恢宏雄放，喜用诗文的手法、句法写词，语词宏博，用事较多，不拘守音律。豪放词派广泛地影响了词的发展，从宋、金直到清代，历来都有标举豪放旗帜，大力学习苏轼和辛弃疾的词人。

至元代，宋词发展形成了另一种文学体裁，也就是元曲。元曲包括杂剧和散曲，而一般指的元曲则是散曲。散曲是没有宾白的曲子形式，内容以抒情为主，有小令和散套两种。散曲有严密的格律定式，每一曲牌的句式、字数、平仄等都有固定的格式要求。

元散曲虽有定格，但并不死板，它允许在定格中加衬字，部分曲牌还可增句，押韵上允许平仄通押，与律诗、绝句和宋词相比，有较大的灵活性。它继承了诗词的清丽婉转，同时放射出极为夺目的战斗光彩，比历代诗词显得泼辣而大胆，具有恒久的艺术魅力。

明清时期诗歌逐渐衰落，小说取代了诗歌成为主流文学，但是，明清时期诗人也有很多，其中比较有名的诗人是明代的于谦和清代的纳兰性德、龚自珍等人。

诗歌发展至近现代，便形成了现代诗。现代诗也叫"白话诗"，是诗歌的一种体裁，它与古代诗歌相对而言，一般不拘泥格式和韵律。现代诗最早可以追溯至清代末期，在当时，一些从西方引进的诗作开始用白话进行翻译，但是这些作品量不是很大，所以影响不大。

现代诗形式自由，内涵丰富，意象经营重于修辞运用，与古诗相比，虽都为有感而作，都是心灵的呈现，但其完全突破了古诗"温柔敦厚，哀而不怨"的特点，更加强调自由开放和直率陈述，在"可感与不可感之间"获得美的享受。

阅读链接

采诗是早期搜集诗歌的主要方式。采诗之制早在先秦时期就已经存在。周王朝及各诸侯国都设置采诗官进行采诗工作。《诗经》中的《小雅》《国风》中的许多诗歌便是依靠乐官到各地"采诗"汇集在一起的。

汉武帝时，音乐机构的规模和职能都大大扩大了，是汉武帝整顿改革礼乐的一项重要举措，目的是改革传统的郊庙音乐歌曲，用新声改编雅乐。当时乐府的具体职能，一是采集和编写歌辞，二是谱写乐曲，三是训练乐工，四是演奏乐歌。在这些职能中，最引人注目的一项职能就是"采诗"，也就是由乐府机构派专人去各地搜集民歌俗曲，配乐歌唱，供统治者考察政治得失。

追求内在神韵的散文

殷商的时候，社会生产能力还十分落后，对世界的认识还处于萌芽阶段，风、雨、雷、电这些自然现象通常令人们畏惧，人们认为风雨雷电是天上的神仙在大发脾气。为了事先能知道天上的神仙的旨意，他们学会了占卜。

■ 甲骨占卜

■ 西周青铜器上的铭文

在占卜之前，殷人先把龟甲和牛肩胛骨锯削整齐，然后在甲骨的背面钻出圆形的深窝和浅槽，占卜时，先把要问的事情祷告并述说清楚，接着用燃烧着的木枝，对深窝或槽侧烧灼，烧灼到一定程度，在甲骨的相应部位便显示出裂纹来。

甲骨卜辞长短不一，短的只有几个字，长的可有百余字，记事简略，真实朴素，但叙述完整周到，能够表达出一个完整的意思。

商周时期帝王、贵族将文字镂刻在青铜器上，内容多是记述奴隶主贵族的祭典训诰、征伐功绩、赏赐策命、盟誓契约等，这就是铜器铭文。由于镂刻在青铜器上，因此，铜器铭文也称金文、钟鼎文。

铜器铭文要比甲骨卜辞记载的事情繁杂，但字句简短，早期一般仅用一至五六个字记载制作者之名、所纪念的先人庙号等。商代晚期出现了较长的铭文，但最长的铭文也只是四五十字，内容多数是因接受赏赐而作纪念以示荣宠的记录。

进入周代，铜器铭文有了进一步发展，达到了鼎盛时期。周代铭文在殷商铭文的基础上，篇幅逐渐加长，两三百字的铭文颇为多见。

周代铭文具有一定的文学价值，能够用比较完整

庙号 古代皇帝在庙中被供奉时所称呼的名号，始于西汉，止于清朝。一般开国的皇帝称祖，后继者称宗。也有个别朝代前几个皇帝皆称祖。在隋朝以前，并不是每一个皇帝都有庙号，因为按照典制，只有文治武功和德行卓著者方可入庙奉祀。

的语言叙述内容，许多铭文善用韵语，且喜欢用整齐的四字句，有些铭文还具有比较浓厚的文学气息。

铜器铭文的风格多庄重典雅、朴素简约，多为散体，少有韵文。人们把这些朴素简约与韵文相对的论说文和记叙文称为"散文"。

先秦散文大致可分为两种，分别是历史散文和诸子散文。历史散文以记述历史事件的演化过程为主，讲求史料价值，包括《尚书》《春秋》《左传》《国语》《战国策》等历史著作。这类散文也叫记叙散文或叙事散文。

《尚书》即"上古之书"，是我国最早的历史散文，又称《书》《书经》，为一部多体裁文献汇编。它保存了商周特别是西周初期的一些重要史料。《尚书》真正标志着中国古代散文已经形成。

《春秋》是我国现存的最早的一部编年体史书，

117

多姿多彩

文体

■《尚书》

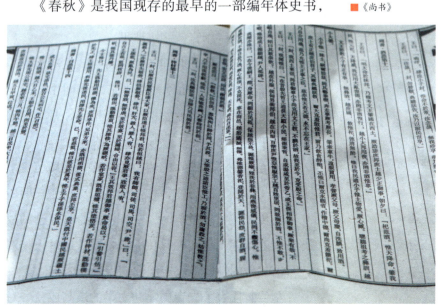

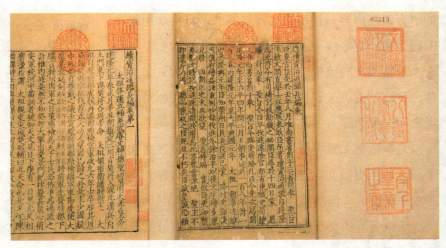

《续资治通鉴》

是记载了从公元前722年到公元前481年鲁国224年的历史。

《春秋》记事严谨，语言精练，具有很高的文学价值和艺术魅力。其用词遣句"字字针砭"的特点成为后来一种独特的散文文风，被后人称为"春秋笔法"。它的最大特点就是每用一个字，都入木三分，有褒贬含义，用字用言，字字珠玑。

《春秋》有明确的时间顺序的特点，这对后世编年体史书的发展产生了很大的影响，北宋时由司马光主编的历史巨著《资治通鉴》，就是按年、月、日顺序写的编年体史书。

《左传》是《春秋左氏传》的简称，是用历史事实来解释《春秋》的著作，相传为鲁国史官左丘明所作。《左传》擅长战争描写，它不仅把纷繁复杂的战争有条理地叙述出来，并且从大处着眼，通过人物对话，写出战争的性质，决定胜败的因素等内容。

《左传》代表了先秦史学和文学的最高成就，对

国别史 史书的一种体裁，国别体史书的简称，是分国记载史事的史书，以国家为单位，分别记叙历史事件，也称国别体。我国第一部国别史为《国语》，此外，《战国策》《三国志》都是比较著名的国别史。

后世的史学、散文、戏剧等产生了很大影响，特别是对确立编年体史书的地位起了很大作用。

《国语》是战国时代出现的一种国别史，它记载了周王朝和诸侯各国的大事，叙事语言鲜明生动，具有较高的阅读趣味和美的享受。《国语》较为明显的艺术之美，就是它语言朴实，长于记言，并且可以用一些虚构的故事情节，来衬托它的艺术魅力。因此，从散文学的发展角度来看，《国语》的作用是举足轻重的。

《国语》开创了以国分类的国别史体例，对后世产生了很大影响，西晋文学家陈寿的《三国志》、北魏史官崔鸿的《十六国春秋》、清代文学家吴任臣的《十国春秋》，都是《国语》体例的发展。另外，其缜密、生动、精练、真切的笔法，对后世进行文学创作亦有很好的借鉴意义。

《战国策》也是一部国别体史书，相传是西汉末年人刘向在前人的基础上汇编而成的。《战国策》主要记述了战国时期的纵横家的政治主张和策略，展示了战国时代的历史特点和社会风貌。

从文学的角度看，《战国策》是一部优秀的散文集，它文辞优美，语言生动，论事透辟，写人传神，还善于运用寓言故事和新奇的比喻来说明抽象的道理，具有浓厚的艺术魅力和文学趣味，对我国两汉以来史传文政论文的发展产生了积极的影响。

诸子散文是儒、墨、道、法等学派的文章，比如《论语》《孟子》《荀子》《墨子》《老

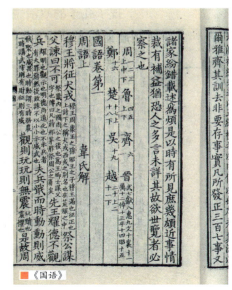
■ 《国语》

■ 儒家经典著作《论语》

子》等。诸子散文是以议论说理为主的，因此称为说理散文，也叫论说文。

论说文是直接说明事理、阐发见解、宣示主张的文章。它的中心在于"事理""见解""主张"，它的表达方式主要是议论，这些都和记叙文相区别。

先秦时的论说文主要有两种形式：一是语录体，如《论语》《孟子》；二是论文集，如《老子》《墨子》《庄子》《荀子》等。其中《墨子》一书在论说文的发展史上占有重要的地位。从《墨子》开始，论说文开始有尾，结构、层次都很讲究，论证的方法也比较严密。此外《庄子》一书长于用寓言说明深刻的哲理；《荀子》谨严简洁，善于立论，这些对后世的论说文都有很大的影响。

《论语》以语录体和对话文体为主，叙事体为辅，记录了儒家创始人孔子及其弟子的言行，集中体现了孔子的政治主张、伦理思想、道德观念及教育原则等。

《孟子》由《论语》的语录体发展而来，详细地记录了儒学大师孟子谈话的场合和所涉及的人和事，记录了孟子和谈话对象意见的分歧、双方展开辩论的过程和各自的情态，增加了形象描写成分，

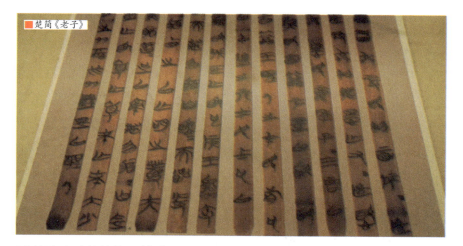

再现了孟子的性格、情感、心理活动和人格精神。

《荀子》是战国末年赵国著名思想家荀况的著作，记录了荀况的自然观、认识论以及伦理、政治和经济思想。

《荀子》涉及面较广，内容主要包括哲学、政治、经济、历史、军事、文学等方面。《荀子》的很多文章每篇专论一个理论问题，标志着专题论文的出现。每篇有一个揭示主旨的标题，而且围绕中心观点层层深入地展开论述。这种以论为题的文章，成为后世"论"文体的鼻祖。

《老子》是记录老子哲学思想的著作，是一部具有完整理论体系的哲学著作，它所阐述的"道""德""太极""无极""自然""无为"等概念，十分有影响，表现出古代哲学博大精深的一面，对后世的哲学发展起到了引导和推进作用。

《老子》采用语录体韵文的形式，析理精微，语言富有理趣，既有哲理的特征，也有诗歌的色彩。它开创了一种与《论语》不同的思维表达方式。《论语》是用概括性的语言对经验性的结论作陈述，而《老子》则是用思辨性的语言对抽象性的哲理体验作表述。

《墨子》一书是战国初期思想家墨翟及墨家学派的言论汇集，相

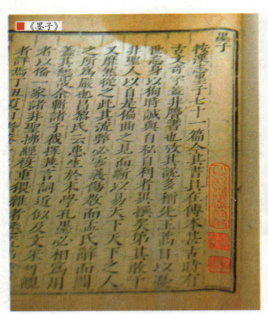

《墨子》

传为墨子的弟子所记。《墨子》的多数文章还保留了语录体对话形式，但有些篇章已初具论说文的规模。《墨子》思想自成体系，其文章也颇富逻辑性，它讲究论证方法，善用具体事例说理，并善于从具体问题的论争中明辨是非，表现了论说文的发展。《墨子》注重论辩，而不大讲究文采，故其文风质朴。

先秦说理散文是中国散文创作的典范，它以成熟的说理文体制，形象化的说理方式，丰富多彩的创作风格和语言艺术，影响了后世的文学创作。另外，先秦说理散文不仅标志着说理议论文体的成熟，而且也包孕了寓言、小说等因素。

在汉代，产生了一种新的文学体裁，这便是汉赋。赋是一种用于诵读的散文体裁，大多采用主客问答形式，其句式非常灵活，韵散相间，以描写为主，也有一些说理性作品。在段落开头常用一些标志性词语，显示出它散文化的特点。

在散文史上，赋有着一定地位，特别在汉代，它是一种具有代表性的汉代散文体裁，它在丰富散文语言和提高散文表达技巧方面，都对以后散文发展产生了非常深远的影响。

在汉代辞赋的基础上，魏晋南北朝的辞赋出现了新的发展和变化，其突出的标志是抒情、咏物小赋的大量涌现，咏物抒情小赋随着骈文的成熟而逐渐发展为骈赋。

抒情小赋或托物言志，或咏物抒情。在艺术上继承着大赋的铺排手法，但语言较汉大赋朴素得多，手法精巧灵活、风格多样，有的清丽自然，有的感情激切。汉末的抒情小赋有诗意化的倾向。

抒情小赋发展到汉魏时期，进一步成熟，其中以曹植的赋作成就最高。曹植的《洛神赋》全赋采取浓厚的浪漫主义手法，运用丰富、奇特的想象，通过一个梦幻境界，借以抒发个人政治上的压抑和理想的破灭。全赋充满了悲剧性的抒情气氛，感情真挚浓烈，文辞绚烂轻灵，尤其是对洛神容貌、身材、服饰、言语、风度之美的描写，极为绚丽多彩。《洛神赋》标志着汉赋的发展与创新。

此外，两晋时的潘岳、陆机和南北朝的谢惠连、鲍照、谢庄的抒情散文也十分出色，其情感真挚，感人至深。

唐代，文学家韩愈、柳宗元等人掀起"古文运动"，大力提倡作散文，为唐代散文树立了一种自由抒写的新文风，这大大提高了散文的抒情、叙事、议论、讽刺的艺术功能。

韩愈勇于创新，文章不落俗套，新奇活现。他用生动形象、优

曹植（192年—232年），字子建，沛国谯人。曹植是三国时期曹魏著名诗人，也是建安文学的代表诗人之一，其代表作有《洛神赋》《白马篇》《七哀诗》等。后人因其文学上的造诣而将他与曹操、曹丕合称为"三曹"。

■《洛神赋》

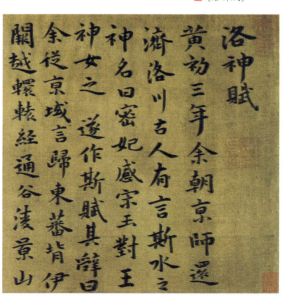

美自然、富于表现力的散文取代了雕饰过重的骈文，并将各种新的表现手法灵活地运用于各种文章体裁之中，使不少文体发生了创变。他的墓志铭、祭文、序文、书信都体现了这种特色。

墓志铭一般包括志和铭两部分。志用散文，多叙述死者的家世和生平事迹，类似传记；铭用韵文，多表示对死者的赞扬、悼念之情。韩愈却打破了墓志铭这种死气沉沉的局面，他写的墓志铭无定式，因人而异，随事而别，新意迭出，创造性地发展了墓志铭文体，开创了墓志铭新风。

韩愈很好地继承先秦两汉以来的优良散文传统，以自己的创作理论和创作实践完成了一种新型的散文。它既不同于骈文，也不同于先秦两汉的古文，而是更接近当时的语言实际，更自然活泼、明晓流畅，其语言的表现力和生动性得以充分发挥，应用范围达到了无限广泛的程度，不论用它来说理、叙事、抒情，或者日常应用，都抒写自如，且言辞达意。

柳宗元画像

唐中期的柳宗元诗文成就杰出，他的各种体裁的文章都很出色，散文中山水游记文体在他手中真正成熟起来。

在柳宗元之前，已有大量游记文学出现，但都不出色，直到柳宗元才把山水游记写得成熟起来，成为一种独立体裁。柳宗元山水游记在我国散文史上有着独立地位，影响非常大。

到了明代，散文创作获得了巨大成就，其散文创作领域非常广泛，高手如林，风格多样，流派纷呈。明代散文直接影响到清代的文学发展。因此，明代散文无论是在思想内容的表现上，还是艺术形式的创造上，都有其不容忽视的地位。

清代晚期，康有为、梁启超是当时散文改良运动的代表人物，也是散文学术上改良派的代表作家，他们的散文不拘传统古文程式，直抒己见，畅所欲言。

梁启超的新体散文更

■唐代墓志铭

是对一切传统古文的猛烈冲击，为清代晚期的文体解放和白话文运动开辟了道路，他的《少年中国说》就是这样一篇典型的散文作品。

阅读链接

在我国散文史中，先秦散文占据着非常崇高的地位。先秦时期是散文的蓬勃发展阶段，出现了许多优秀的散文著作。当时的散文，基本上是哲学、政治、伦理、历史方面的论说文和记叙文。其中，以儒、道为代表的先秦论说散文，以其深厚的思想内涵和文化意蕴，确定了作家的人格理想，作品的审美风范，成为中国古代文学的基石之一。

从总体上看，先秦散文是我国古代散文的发轫，在先秦时期，我国古代散文开创了一个极好的开局，取得了辉煌的成就，是先秦文学的一个重要组成部分。先秦散文在史学和文学方面，树立了榜样，对后世史学和文学的创作与发展产生了极为深远的影响。

以故事反映生活的小说

在我国春秋战国时，史官把宗教故事记载进史籍，这一时期的宗教故事多数都是幻想化和神秘化的历史故事。在神话中，神是幻想世界的主体，神话的幻想境域是排斥人类在外的神灵的世界，而在宗教故事中，人变成了幻想世界的主体，人可以与鬼神互相交往。

汉朝时期，神话传说和宗教故事孕育出一种新的文体形式萌芽，那就是一些被称为小说的散文。东汉学者班固在《汉书》中写道：

小说家者流，盖出于稗官。街谈巷语，道听途说者之所造也。

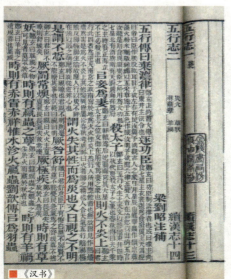

《汉书》

孔子曰：虽小道，必有可观者焉，致远恐泥，是以君子弗为也。然亦弗灭也。闾里小知者之所及，亦使缀而不忘。如或一言可采，此亦刍荛狂夫之议也。

"小说"一词，最早见于《庄子·外物》："饰小说以干县令，其于大达亦远矣。"这里所说的小说是指琐碎的言谈、小的道理，与后来的小说相去甚远。

■《庄子》

魏晋时期，在东汉这种新形式文体萌芽基础上产生了志怪小说和志人小说。志怪小说以记叙神异鬼怪故事传说为主体内容，它是受当时盛行的神仙方术之说而形成的侈谈鬼神、称道灵异的社会风气的影响之下形成的。

志人小说是专记人物言行和历史人物传闻逸事的一种杂录体小说，又称"清谈小说""逸事小说"。

魏晋南北朝时期的志怪小说，不仅数量庞大，而且内容复杂，表现出较高的质量层次，其作品想象丰富，情节曲折，人物形象丰满，语言优美。

在众多的志怪小说当中，东晋时期的史学家干宝的《搜神记》成就最为突出。在《搜神记》中，干宝

班固 （32年—92年），字孟坚，史学家班彪之子，东汉史学家、文学家，与司马迁并称"班马"。在班彪续补《史记》之作《后传》的基础上开始编写《汉书》，至汉章帝建初年中基本完成。主要作品为《汉书》《白虎通德论》，同时，善辞赋，著有《两都赋》等。

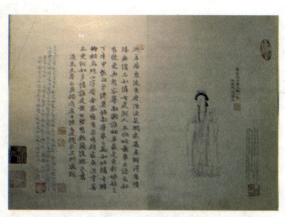

■ 唐代古籍

搜集了400多篇古代神异故事，另外，还搜集了不少民间传说和神话故事，其中大部分故事在一定程度上反映了古代人民的思想感情。

在文法上，《搜神记》运用了韵散相结合的形式。这种形式不仅影响其他小说创作，也使其成为古代小说的民族特色之一。

南朝宋刘义庆的志人小说《世说新语》是我国最早的一部文言志人小说集，其成就和影响最大，代表了魏晋南北朝时期志人小说的最高峰。

《世说新语》全书共收一千多则故事，记述简练，一般只有数行文字，短的只是三言两语。它主要记载汉末至东晋年间一些士大夫的言行逸事。

《世说新语》语言质朴精练，有的就是民间口语，言简意深，耐人寻味。记载人物往往是一些零碎的片断，但传神地表达了人物的个性。书中随处可见出色的比喻和形容、夸张和描绘。

志怪小说和志人小说相比，志人小说缺乏志怪小说丰富的想象和幻想，以及鲜明的人物形象和比较完整的情节，因此，志怪小说具有更多的小说因素，更容易发展成更高级的小说形态。

唐代，出现了很多"传奇小说"，为后世小说提供了宝贵经验。唐代传奇小说是指唐代流行的文言小

汉字汉语与文章体类

刘义庆（403年—444年），字季伯，彭城人。南朝宋文学家。他自幼才华出众，爱好文学，并广招四方文学之士，聚于门下。刘宋宗室，袭封临川王，公元444年死于建康。除《世说新语》外，还著有志怪小说《幽明录》。

士大夫 指官吏或较有声望、地位的知识分子。士大夫是我国社会特有的产物，出现于战国时期，在我国历史上形成一个特殊的阶层。他们是知识分子与官吏相结合的产物，是两者的结合体。

说，作者大多采取记、传的形式，以史家笔法，写一些奇闻逸闻。代表性作品有唐初王度的《古镜记》、白行简的《李娃传》、杜光庭的《虬髯客传》等。

唐代传奇小说的艺术成就非常高，情节的传奇性与现实性相容，情节的虚构、想象与作品的艺术性融合一体，其虚构和想象标志着文言短篇小说创作的成就，很多作品都是情节离奇，人情味也很重，所以唐代传奇小说具有很高的艺术魅力和美学价值。

进入宋元两代，流行于市民阶层的"说话"艺术不断地发展，最终使极具市民特征的话本小说流行开来，并且得到了更大发展。

宋元话本小说的出现，使我国古代小说从内容到形式都更加面向社会，面向大众，也标志着我国古代短篇白话小说从萌芽走向成熟。

白话小说是用通俗文字写成，多以历史故事和当时社会生活为题材，是宋元时期民间艺人的说唱底本，也称为"话文"，或简称"话"。后世留传有《清平山堂话本》《全相平话五种》等。

话本语言以白话为主，融合部分文言，也穿插一些古典诗词。作为当时一种新的文学体裁，语言生动、泼辣，富于表现力，作品的主角多为手工业者、妇女、市井商人等，为新兴的市民阶层所喜闻乐见。对后代通俗

底本 古籍整理工作者专用的术语。影印古籍时，选定某个本子来影印，这个本子就叫影印所用的底本。校勘古籍时要选用一个本子为主，再用种种方法对这个为主的本子作校勘，这个为主的本子也就叫校勘所用的底本。

多姿多彩

文体

■ 白话小说《儒林外史》

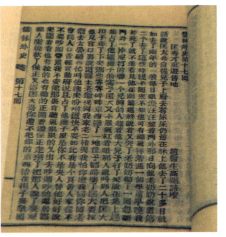

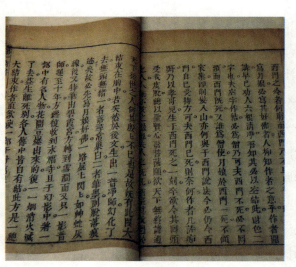

■ 明代小说

文学和戏剧、曲艺等产生了很大影响。

明代，小说出现了空前繁荣的局面。从明代开始，小说这种文学形式才充分显示出它的社会作用和文学价值，打破了正统诗文的垄断地位。在文学史上，取得了与唐诗、宋词、元曲并肩的地位。

明中期以后，工商业得到进一步的发展，城市扩大，市民阶层日益壮大，他们的生活和思想要求在文学中得到反映，明文人继承发展宋元时期说话艺术创作出了通俗小说。

通俗小说是为满足社会上最广泛的读者群需要，适应大众的兴趣爱好、阅读能力和接受心理而创作的一类小说。通俗小说以娱乐价值和消遣性为创作目的，重视情节编排的曲折离奇和引人入胜，人物形象的传奇性和超凡脱俗，而较少着力于深层社会思想意义和审美价值的挖掘。

明代继承了宋元时期称为"讲史"即"演史"的章回小说，并称这种历史小说为"演义"。章回小说分章回叙述，原来话本的每节，改为章回小说的每章回，章回小说成为我国古代长篇小说的主要形式，其段落整齐，首尾完整。

演义 小说体裁之一，是指根据史传、融合野史经艺术加工而成的通俗长篇小说。"演义"一词，最早见于《后汉书·周党传》，主要以讲史为内容，其特点是：依傍史传，再现成文；偏重叙述，故事性强；行文浅显，通俗易懂。

在章回小说中，历史演义类小说特别发达。这类小说通常是以史实和传说相结合的形式，叙写某一特定历史时期的重大社会政治矛盾与风云人物。罗贯中的《三国演义》就是我国著名的长篇章回体历史演义小说，具有极高的文学价值和艺术成就。

明代小说，如按题材和流派来进行分类，可有历史演义、英雄传奇、幻化神魔、人物传记、爱情故事、宫闱秘史等。其中，历史演义、英雄传奇、幻化神魔类题材小说最受人们的喜爱，得到了快速的发展。

在明代，历史演义小说有《三国演义》，英雄传奇小说代表作品有《水浒传》，幻化神魔小说代表作品有《西游记》。

《水浒传》诞生于元末明初，是一部描写北宋末年以宋江为首的一百零八个好汉在梁山泊起义，以及聚义之后接受招安、四处征战故事的章回体小说。

世情小说是古典白话小说的一种，又称为人情小说、世情书等。

《水浒传》竹简画

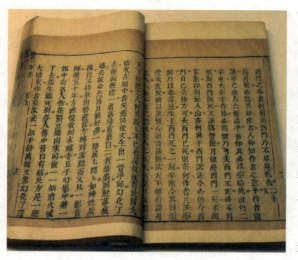

《金瓶梅》

汉语源流

汉字汉语与文章体类

世情小说叙写的种种情事，描写的种种人物，都是当时社会生活的真实再现。由于这类小说将人间冷暖、世态炎凉刻画得非常形象透彻，所以得到了很多读者的喜爱。

我国古代小说中早有写人情的传统，在魏晋小说中，虽然主体是"记怪异"，但也有些故事"渐近于人性"，表现恋爱婚姻的理想，如《吴王小女》《韩凭夫妇》《河间男女》等。

但真正的世情小说主要是指宋、元以后古典白话小说中内容世俗化、语言通俗化的这类小说。这类世情小说在明代得到迅速发展并开始流行。

明代兰陵笑笑生的《金瓶梅》揭开了世情小说的帷幕，成为我国第一部长篇世情小说，可是它并非源自短篇人情话本，而是直接源出于《水浒传》这部"讲史"的长篇小说。

《金瓶梅》是古代小说发展史上的里程碑，为我国古代小说的发展做出了历史性的贡献。它从取材于历史转为取材于现实生活。它虽然还假托往事，虽然还不能完全摆脱历史的影子，但实际上主要是写现实生活，这是古代长篇小说题材转变的标志。

清代是我国古典小说盛极而衰并向近代小说、现

兰陵笑笑生 "天下第一奇书"《金瓶梅》的作者所用的笔名。此人真实身份已成为历史谜团。有史料记载，"笑笑生"是明嘉靖间"一巨公""大名士"。但无论是"一巨公"也好，"大名士"也罢，仍无真实姓名可考。这就为后人留下研讨《金瓶梅》作者的充分空间。

代小说转变的时期。由于社会的发展，为小说家提供了更为广阔的创作空间，创作题材更为丰富多彩。这种创作环境使世情小说达到了巅峰，曹雪芹的《红楼梦》就是世情小说的集大成者，也是整个中国古代小说艺术的最高峰。

《红楼梦》以其曲折隐晦的表现手法、凄凉深切的情感格调、强烈的思想感情，真实地再现了18世纪上半叶我国封建社会末期的社会生活，对当时即将土崩瓦解的封建社会的方方面面进行了有力的鞭挞。

讽刺是一种常见的艺术手法，在任何题材的小说中都可以运用。在清代，出现了一些以讽刺为基本特色的章回小说，《儒林外史》是讽刺小说中最杰出的代表。

《儒林外史》秉承高度写实的创作精神。作者一方面写出讽刺对象丰富的外在性格特征，一方面又挖掘出他们深邃的内心世界，使刻画的人物个性鲜明，呼之欲出。同时是一部具有开创性的杰作，是一座讽刺小说的高峰，对后代的小说创作有着深远的影响。比如，它的内容为晚清谴责小说所吸取，它的形式也为谴责小说所借鉴。

武侠与公案小说是在我国小说史上独立发展而关系

谴责小说 我国旧小说的一种，产生于清末，这种小说广泛揭露和批判了清末社会现实，大力宣传资产阶级改良主义，但是批判并不彻底，并且寄幻想于封建最高统治者的改良。其艺术上多用讽刺手法，笔无藏锋，极度夸张，但概括和典型化不够。

■ 红楼梦妙玉画像

密切的两个流派。武侠小说以豪侠仗义行侠为主要内容，歌颂重义尚武、扶困济危的侠客行为。汉代《史记》中的《刺客列传》《游侠列传》为侠义小说提供了有益的借鉴。到了唐代，武侠题材的传奇很多，如《虬髯客传》《红线》《昆仑奴》《聂隐娘》等都属此类小说。

公案小说主要描写清官断案的故事，歌颂刚正不阿、清明廉洁、执法如山、为民申冤的清官。清中叶以后，武侠与公案小说逐渐合在一起，成为武侠公案小说。代表作品有《龙图公案》《三侠五义》和《施公案》等。

小说发展至近现代，其主体是"五四"新文化中诞生的一种用白话文写作的小说。它取法欧洲近代小说，却植根于现实生活的土壤，既不同于我国历来的文言小说，也迥异于传统的白话小说，而属于一种新体小说。

汉语源流

汉字汉语与文章体类

阅读链接

魏晋南北朝的志怪小说在我国小说史上有着十分重要的意义。唐代传奇就是在它的基础上，又接受史传文学的影响而发展起来的相当成熟的文言短篇小说。

同时，魏晋南北朝志怪小说为白话长短篇小说、戏剧提供了丰富的神怪故事的素材。宋人平话如《生死交范张鸡黍》《西湖三塔记》是出自《搜神记》相同题材的故事；明末长篇小说中的《封神演义》《三国演义》吸收了《搜神记》的若干材料；关汉卿的《窦娥冤》，汤显祖的《牡丹亭》《邯郸记》是《东海孝妇》《庞阿》《焦湖庙祝》历史著作的进一步发展。另外，志怪小说在艺术创作和表现手法上为后代小说积累了一定的艺术经验，一直给后代小说以深刻的启示和影响。

寄寓意蕴深远的寓言

远古时期，生产力落后，人们见识浅薄，把很多自然现象都归结为臆想中神的意旨，神话也就自然而然地产生了。

随着神话传说逐渐演变成故事被记载在众多史籍中，一些民歌、宗教故事口耳相传，也被流传下来。这些神话故事、民歌、宗教故事等渐渐孕育出一种新的文学体裁，这种新的文学体裁被称为寓言。

寓言是文学体裁的一种，是寄托着深刻思想意义的简短故事。"寓"是寄托的意思，作者把自己认为正确的道理、有益的教训，通过虚构的简短故事加以

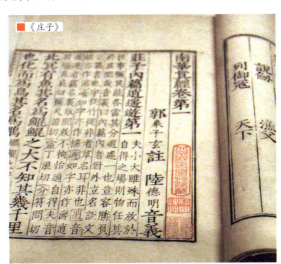

《庄子》

譬喻，让人们从故事中领会其中的道理。其特点是短小精悍而富于讽刺性，给人以启迪。

"寓言"一词，最早见于春秋时期著名学者庄子所著的《庄子·寓言篇》。庄子常常语带双关，借以阐发哲理，印证观念。在春秋战国时期，这种叙述方式常被先秦诸子及史传借用，以作论证手段。

先秦诸子百家争鸣，许多思想家、政治家常常借助于一些浅显生动的寓言故事来论证自己的某个观点或某种思想。寓言主要散见于先秦诸子散文和历史散文中，如《孟子》《庄子》《韩非子》《战国策》等，其中以《庄子》和《韩非子》的"寓言性"最强。

庄子不以推理手法，而是通过象征、寓言和气氛，以情感想象来表达内容，这种主观性色彩，给读者留下了广阔的想象空间和很多美的享受。

庄子在讲故事时，并没有精确地点明他要说明的道理，而是通过故事自然流露出来。这样，其寓言寓意就变得多面、模糊，具有"形象大于思想"的艺术特点。

这么多寓言镶嵌在文中，使《庄子》的文章显出扑朔迷离的面貌。一个寓言，需要读者再三体味，才能领悟其深层含义；或者同一寓言，不同的人去读也

■ 庄子画像

邯郸淳 （约132年—221年），又名竺，字子叔，又字子礼，东汉时颍川阳翟人。三国魏书法家，官至给事中。工书，诸体皆能。因著有《笑林》三卷、《艺经》一卷而著名，被称为"笑林始祖"，与丁仪、丁廙、杨修为曹植的"四友"。

会有不同的理解，这是《庄子》寓言艺术价值的最大体现。

除了《庄子》之外，《韩非子》寓言也是我国寓言的早期起源之一。《韩非子》寓言说理精密，文锋犀利，议论透辟，推证事理，切中要害。

《韩非子》中的寓言构思精巧，描写大胆，语言幽默，于平实中见奇妙，具有耐人寻味、警策世人的艺术效果。此外，韩非子还善于用大量浅显寓言故事和丰富历史知识作为论证资料，说明抽象道理，形象化地体现他的法家思想和他对社会人生的深刻认识。

在《韩非子》中出现了很多寓言故事，因其内涵丰富，故事生动，都已经成为脍炙人口的成语典故。

寓言在艺术上有4个特点，一是有故事性；二是有虚构性；三是形式短小；四是有哲理性。

魏晋南北朝时，寓言近似笑话，而在笑话中包含严肃的寓意，开后世讽刺寓言与诙谐寓言的先河，如汉末魏初邯郸淳的《笑林》、符朗的《符子》等。

唐宋时期，寓言继承了先秦寓言的优良传统，又吸收了魏晋南北朝时佛教寓言的创作经验，并立足现实生活，极力刻画出现实性和典型性的寓言形象。代表作有韩愈的《毛颖传》、柳宗元

《笑林》 我国古代第一部笑话集，又名《笑林广记》，三国时魏人邯郸淳编撰。《笑林》所选作品内容，有讽刺愚蠢行为的，如《长竿入城》；有嘲讽上层统治阶级的贪吝无知的，如《汉世有老人》；有关于巧言善辩的人物和事件的，如《某甲夜暴疾》；有记述文人逸事的，如《赵伯公肥大》等。

多姿多彩

文体

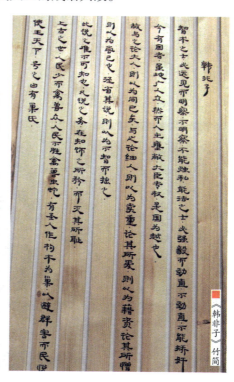

《韩非子》竹简

的《三戒》《黔之驴》《捕蛇者说》等。

这个时期，一些文学家也常常运用寓言讽刺现实。柳宗元就利用寓言形式进行散文创作，他在《三戒》中，以麋、驴、鼠3种动物的故事，讽刺那些恃宠而骄、盲目自大、得意忘形之徒，达到了寓意深刻的讽刺效果。

元、明、清时期，寓言借笑声鸣不平之意，表面上看，似乎在嘲笑生活中的琐事和微不足道的人物，骨子里却是指向封建社会的各种弊端。

另外，这一时期，寓言出现了一种新的形式，就是寓言剧。寓言剧在元代出现，但发展成熟却是在明代。《中山狼》寓言剧，在当时有五种之多。全剧分为四折，第一折为藏狼，第二折为护狼，第三折为躲狼，第四折为杀狼。四折一气呵成，结构紧密。

古代寓言是古典文学体裁里一个重要的组成部分，它有着完整的发展历程，是带有劝谕或者讽刺意义的小故事，还是一种带有故事情节的文学作品。

古代寓言涉及的范围很广，从先秦时期至清代的寓言包含了各个

《中山狼》寓言剧的"躲狼"雕塑

历史时期的方方面面，不仅趣味盎然，还极大地丰富了我国古代文学，也为后世的诗歌、小说的发展奠定了基础。

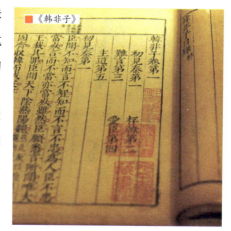
《韩非子》

古典寓言艺术特点非常鲜明，从内容上看，寓言寓体大多为人物，也有拟人化的动植物。寓意大多是讽刺、劝谕或教训，比如阐述哲学、政治、教育等方面道理，讽刺不良社会现象，宣传道德观念等，用故事来讲道理，具有浅显易懂、形象生动的艺术特点。

多姿多彩

文体

古典寓言从艺术风格看，其表现多样化，比喻、夸张、白描和拟人最为常用。寓言故事与小说不同，它不需要情节曲折，也不需要对人物进行细致刻画，其语言简洁朴素，笔调幽默诙谐，极具文字之美，也为后来文学发展起到了至关重要的作用。

阅读链接

神话与寓言关系紧密，《庄子·逍遥游》有鲲化为鹏的寓言："北冥有鱼，其名为鲲。鲲之大，不知其几千里也。化而为鸟，其名为鹏。鹏之背，不知其几千里也。怒而飞，其翼若垂天之云。是鸟也，海运则将徙于南冥。"

意思是在那很北很北的北面，有一片大海。海中有一种鱼，它的名字叫鲲。鲲很大很大，说不清楚有几千里。后来变成了一只鹏鸟。这只鹏也很大很大，它的脊背，说不清有几千里。有一次发了怒，振翅而飞，翅膀像是遮天的乌云。这只鸟啊，在海上飞翔，是要飞到南海去。

这个寓言与上古神话中大禹变成巨熊治理水患的传说一脉相承，有着不可分割的关系。

有浓厚幻想色彩的童话

很久很久以前，一个屠夫傍晚回家，他担子里面的肉已经卖完了，只剩下骨头了。屠夫在路上遇见两只狼，这两只狼紧跟着他走了很远。

《聊斋志异》插画

屠夫害怕了，他把骨头扔给狼。一只狼得到骨头停下了，而另一只狼仍然跟着他。

屠夫又把骨头扔给狼，前面的狼停下了，可是后面的狼又赶上来了。不一会儿，骨头已经扔完，但是两只狼仍然像原来一样一起追赶着屠夫。

屠夫非常害怕，他怕

受到狼的攻击。这时，屠夫看见田野里有一个打麦场，打麦场主人把柴草堆积在打麦场里，柴草覆盖成小山。于是，屠夫跑过去靠在柴草堆下面，他放下担子拿起屠刀，准备跟狼搏斗。

两只狼都不敢上前，它们瞪着眼睛望着屠夫。不一会儿，一只狼径直走开了，另一只狼像狗似的蹲坐在屠夫前面。时间长了，那只狼眼睛闭上，显出神情悠闲的样子。屠夫突然跳起，用刀砍狼脑袋，又连砍几刀把这只狼杀死了。

■《聊斋志异》插画

屠夫刚想要走，他转身看见柴草堆后面，另一只狼正在柴草堆里打洞，打算要钻洞进去攻击他后面。狼身子已经钻进去一半，只露出屁股、大腿和尾巴。

屠夫从狼的后面砍断了狼大腿，也把这只狼杀死了。屠夫这才明白前面那只狼假装睡觉，原来是诱敌之计。

这则屠夫与狼斗智斗勇的故事出于清代文学家蒲松龄的《聊斋志异》，这种故事体裁被称为童话。童话是主要面向儿童，具有浓厚幻想色彩的虚构故事作品，通过丰富的想象、幻想、夸张、象征的手段来塑造形象，反映生活。

民间故事 民间文学中的重要门类之一。从广义上讲，民间故事就是劳动人民创作并传播的、具有虚构内容的散文形式的口头文学作品，是所有民间散文作品的通称，有的地方叫"瞎话""古话""古经"等。民间故事从生活本身出发，但又并不局限于实际情况以及人们认为真实合理的范围之内。它们往往包含着自然的、异想天开的成分。

■《聊斋志异》插画

列子 名御寇，战
国时期郑国人，
道家学派著名的
代表人物，著名
的思想家、寓言
家和文学家。列
子的思想和著作
对后代的哲学、
文学、科技、宗
教都有深远的影
响。代表作品为
《列子》。

童话故事最初是传统口述民间故事的一部分，通常会被讲述得颇具戏剧性并以口耳相传的方式世代相传。

春秋战国时期，我国的道家哲学家，如列子和庄子，将一些童话故事放在他们的作品中，来说明或加强他们的哲学思想。

在相当长一段时间里，我国没有"童话"这个名称，但很早就有了实际上的"童话"。如民间童话中广为流传的《狼外婆》《蛇郎》《宝船》《田螺姑娘》《三根金头发》《百鸟床》《盘三哥》等。

民间童话是民间创作和流传的适合儿童欣赏的幻想故事，其故事情节奇异动人，具有丰富的想象力，为人们所喜闻乐见。

我国民间童话的思想内容十分丰富，常见主题有对劳动和劳动者的颂扬，对未来美好生活的追求，使美好生活和胜利的结局与劳动、智慧、正义和勇敢联系在一起。

在情节发展中，经常出现神奇的宝物或动物作为主人公的助手和武器。它们只有掌握在品格善良的主人公手里才有作用，而如果坏人掌握了它，不是失去作用，就是得到惩罚。

在我国以书面形式记载下来的古典童话不乏精品佳作，如东晋时干宝的《搜神记》中的《毛衣女》、张鷟《朝野佥载》中的《鲁班作木鸢》、段成式《酉阳杂俎》中的《叶限》和《旁龟》、皇甫氏《原化记》中的《吴堪》等。

古典童话是人们在长期的历史过程中与自然界斗争、对社会生活的不断认识、对人与人之间各种关系的认识的经验的累积。

在这种形式中，人们试图把自己的经验、历史、社会科学知识、宗教信仰、生活习惯、教育观念等通过吸引人的幻想故事情节、人物、主题来传授给下一代。

清代著名小说家蒲松龄所创作的短篇小说集《聊斋志异》中就有很多童话故事。《聊斋志异》简称《聊斋》，俗名《鬼狐传》。

《聊斋志异》在艺术上代表着我国早期童话最高成就，它有着非常重要的作用和意义，它博采我国历代文言短篇小说以及史传文学艺术精华，用浪漫主义创作手法，造奇设幻，描

蒲松龄 （1640年—1715年），字留仙，又字剑臣，别号柳泉居士，世称聊斋先生，山东淄博人。清代著名文学家、中国古代短篇小说之王。其文言文短篇小说集《聊斋志异》运用唐传奇小说文体，通过谈狐说鬼方式，对当时的社会、政治多所批判。此外还著有《聊斋文集》《聊斋诗集》《聊斋俚曲》及关于农业、医药等通俗读物多种。

多姿多彩

文体

■ 《聊斋志异》插画

■《聊斋志异》插画

绘鬼狐世界，形成了独特的艺术特色。

《聊斋志异》的主要思想是进步的，它真实地揭示了清代现实生活的矛盾，反映了人民的理想、愿望和要求，歌颂生活中的真、善、美，抨击假、恶、丑，这便是蒲松龄创作《聊斋志异》的艺术追求，也是这部短篇小说集最突出的艺术特色。

后来，蒲松龄神鬼童话发展至近现代，最终形成了近现代童话。近现代童话通过丰富的想象、幻想和夸张来塑造形象、反映生活，还对儿童进行一定的思想教育。

阅读链接

民间童话的主人公并不限于劳动者，有时还有仙女、国王、公主、王子等。他们往往被描绘成勇敢、多情的善良人物，时而和人民一起去战胜妖魔，时而成为人民的伙伴。在他们身上，常常看到一些美好的品质，表现出人民憧憬和希望的形象。

民间童话的结构有单纯型和复合型两种，前者只讲一个线索单一的故事，表现一个单一的主题；后者多为复合连缀体，有故事情节的多次反复，如三道难关、三次考验、五次劫难等，一层进一层，最后在高潮中结束，故事紧凑有趣，便于记忆和流传。有时还有固定韵语的运用，适合儿童接受能力。

展现故事情节的戏剧

原始歌舞一路发展，到了汉代，产生了百戏，百戏是民间表演艺术的泛称，《汉文帝纂要》载："百戏起于秦汉曼延之戏，技后乃有高缒、吞刀、履火、寻橦等也。"可见百戏是对民间诸技的称呼，尤以杂技为主。

汉代百戏中比较有名的《曼延之戏》，其中的"曼延"有两种解

汉代百戏陶俑群

汉代百戏陶俑

图腾 是原始人群体的亲属、祖先、保护神的标志和象征，是人类历史上最早的一种文化现象。社会生产力的低下和原始民族对自然的无知是图腾产生的基础。图腾就是原始人迷信某种动物或自然物同民族有血缘关系，因而用来做本民族的徽号或标志。

释，古籍中"巨兽百寻，是为曼延"中的"曼延"两字是形容巨兽的长而大的。

"鱼龙曼延"则是鱼龙变化的意思。这两种"曼延"都属于"曼延之戏"。这种舞蹈具有古代图腾舞蹈的痕迹，在表演时还保留一些神秘的气氛。古籍中描绘道：

巨兽百寻，是为曼延。神山崔巍，欻从背见。熊虎升而挐攫，猨狖超而高援。怪兽陆梁，大雀踆踆。白象行孕，垂鼻辚囷。海鳞变而成龙，状蜿蜿以蝹蝹。含利飔飔，化为仙车。骊驾四鹿，芝盖九葩。蟾蜍与龟，水人弄蛇。奇幻倏忽，易貌分形。

文中形象地描绘了人们在有关场合模仿各种动物

欢欣起舞的戏剧场面。汉代《曼延之戏》显得很有层次，但是每一种表演之间又没有必然的逻辑关系。首先，一只熊和一只虎在巍峨的山中相遇，它们一见面就开始互相搏斗起来。

然后是一群猿猴跳跃追逐、登高攀缘的情形，很快一只怪兽又出现了，它把大雀吓得缩首缩尾，东躲西藏。紧接着出现的倒是和平景象，大白象带着小白象漫步缓行，大白象甩着大鼻子，小白象边走边悠闲地喝水。

接着表演进入高潮，也就是鱼龙相变。当大鱼忽然变成长龙以后，它开始蜿蜒舞动起来，给人以惊喜和美的享受。然而，变化还没有到此结束。一只含利兽，一开一合地张着嘴，转眼之间变成了一辆驾着四匹鹿仙车，车上有美丽的华盖。蟾蜍、大龟紧接着相继出场。

因此，《曼延之戏》不仅有奇形怪兽，而且还加上了"易貌分形"的幻术表演。从中可以得出以下结论，也就是《曼延之戏》中巨大的假形表演，是一种事先规划好的表演。

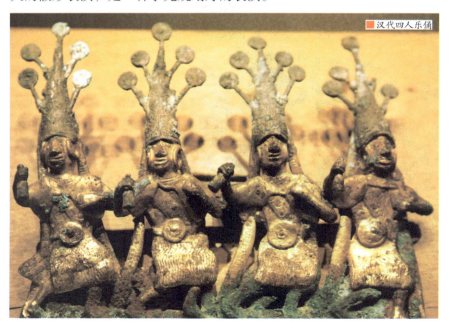

■汉代四人乐俑

《东海黄公》也是汉代乐舞中非常著名的一出节目，这个节目在晋代学者葛洪所著的《西京杂记》中有比较详细的记载，原文是：

余所知有鞠道龙善为幻术，向余说古时事：有东海黄公，少时为术能制御蛇虎，佩赤金刀，以绛缯束发，立兴云雾，坐成山河。

及衰老，气力羸惫，饮酒过度，不能复行其术。秦末有白虎见于东海，黄公乃以赤刀往厌之，术既不行，遂为虎所杀。

三辅人俗用以为戏，汉帝亦取以为角抵之戏焉。

■ 汉代百戏表演

山东临沂汉画像砖中有表现《东海黄公》故事的一幅图，画像中黄公头戴面具，执刀而立，徒手抓住老虎的一条后腿，使其欲逃不得。老虎回头向黄公做张口怒吼之状，颇为传神。

《东海黄公》表现出人虎搏斗的戏剧场面，但它不像一般的百戏那样，由两个演员上场竞技，以强弱决定输赢，而是根据特定的人

■ 汉代乐舞百戏

物故事演出的一段情节。戏里人物的造型、冲突的情境、胜负的结局都是规定好的，其间还有举刀祝祷、人虎相搏等舞蹈化的动作。

它突破了古代倡优即兴随意的逗乐与讽刺表演，把"戏"的几种因素初步融合起来，为后来"戏剧"的形成奠定了初步基础。因而，它带有一定的戏剧因素。

从《东海黄公》开始，人们将杂技、杂耍、乐舞等多种表演手段融合起来表现一定的故事情节，这就诞生了对"戏"的有意编排。因此，《东海黄公》常常被看作我国剧本史的发端作品。

对"戏"的有意安排是剧本产生的思想基础，它以代言体方式为主，进行故事情节的安排。它是演员进行表演的文本基础。

唐代时，汉代的百戏有了新名称，叫"杂剧"，也泛指诸如杂技等各色节目。"杂"指繁杂，"百"是形容多；"戏"和"剧"的意思相仿。

到了宋代，"杂剧"逐渐成为一种新的表演形式

葛洪（284年—364年），为东晋道教学者、著名炼丹家、医药学家、藏书家。字稚川，自号抱朴子，晋丹阳郡句容人。三国方士葛玄之侄孙，世称小仙翁。他曾受封为关内侯，后隐居罗浮山炼丹。主要有《抱朴子》《金匮药方》《肘后备急方》和《西京杂记》等。

■ 元代杂剧《西厢记》

汉字汉语与文章体类

的专称，它通常分为3段：第一段称为"艳段"，表演内容为日常生活中的熟事，作为正式部分的引子；第二段是主要部分，是表演故事、说唱或舞蹈；第三段叫散段，也叫杂扮、杂旺、技和，表演滑稽、调笑，或间有杂技。3段内容各异，互不连贯。

南宋时，杂剧流传到南方，并在东南沿海地区发育成熟起来，它出现了一些变化，演唱形式灵活多变，声音轻柔婉转，最早出现在浙江温州，称为"温州杂剧""永嘉戏曲"，也称戏文、南词、南曲戏文，后人为区别于北曲杂剧，简称为南戏。

在元代时，社会发生了重大变化，科举制度还没有恢复，失意的文人和民间艺人合作，创作了很多反映现实生活，具有艺术价值的戏剧作品，以抒发自己的思想感情，对杂剧的兴盛起了推进作用。他们的创作在我国戏曲史、小说史上处于承上启下的重要环节，培育了一大批戏曲、小说作家。

元初到元大德年间，元杂剧发展至鼎盛时期，元大都以及各地的杂剧演出非常活跃，作家辈出，名作如林，如关汉卿的《窦娥冤》《救风尘》《拜月亭》《单刀会》，王实甫的《西厢记》，马致远的《汉宫秋》，纪君祥的《赵氏孤儿》等优秀作品。

关汉卿一生创作了60多本杂剧。元末明初杂剧作家贾仲明在《录鬼簿》中称关汉卿为："驱梨园领袖，总编修师首，捻杂剧班头。"可见，关汉卿在元代剧坛上的地位。

关汉卿写了很多名传后世的剧本，在作品中塑造出众多鲜明的艺术形象，在《窦娥冤》《拜月亭》《望江亭》等剧里，出色的心理描写打开了作品人物内心世界的窗扉，成为他塑造主要人物形象不可缺少的艺术手段。

元杂剧的极大繁荣，为明清时期的进一步发展奠定了有力的基础。明清时期，杂剧之名渐渐由戏曲之名所取代。这个时期，戏曲已经成为融文学、音乐、舞蹈、武术、杂技等为一体的综合性舞台艺术。

明清时期，诞生了很多戏曲剧种，如明传奇、昆曲、徽剧、京剧、豫剧等。明传奇在形式上承继南戏体制，且更加完备。一个剧本大都只有30出左右，常分为上、下两部分。作家还特别注意结构的紧凑和科诨的穿插。

明代传奇的音乐也是采取曲牌联套

豫剧 是发源于河南的一个戏曲剧种，中国五大戏曲剧种之一，是在继承河南梆子的基础上，通过不断改革和创新发展起来的。豫剧以唱腔铿锵大气、抑扬有度、行腔酣畅、吐字清晰、韵味醇美、生动活泼、善于表达人物内心情感著称，凭借其高度的艺术性而广受欢迎。

■《牡丹亭》之描容

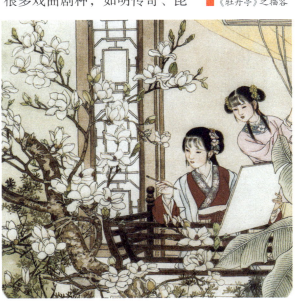

的形式，但比南戏有所发展，一折戏中不再限于一个宫调。曲牌的多少，也取决于剧情的需要。另外，所有登场的角色都可以演唱。

明代中叶，传奇作家和剧本大量涌现，其中成就最大的是汤显祖。他一生写了许多传奇剧本，包括人们喜爱的《牡丹亭》。

随着各种戏曲的蓬勃发展，各种剧本也不断产生。

剧本主要由台词和舞台指示组成。对话、独白、旁白都采用代言体，在戏曲中则常用唱词来表现。剧本中的舞台指示是以剧作者的口气来写的叙述性的文字说明。包括对剧情发生的时间、地点的交代，对剧中人物的形象特征、形体动作及内心活动的描述,对场景、气氛的说明。

近现代，剧本已经是一门独立的文学形式了，它成为戏剧艺术创作的文本基础，编导与演员需要根据剧本进行演出。

汉字汉语与文章体类

阅读链接

关汉卿因为编演《窦娥冤》剧本得罪了官府，官府要捉拿他治罪。关汉卿得知消息后，连夜逃走。途中，关汉卿遇到了几名捕快。

捕头问："你是干什么的？"

关汉卿答道："三五步走遍天下，六七人统领千军。"

捕头见他出口成章，便问道："你是关汉卿。"

捕头本来爱看戏，特别爱看关汉卿编演的戏，知道眼前这人便是关汉卿，捉他，于心不忍，不捉，五百两赏银没了。

关汉卿看透了他的心思，便顺口吟道："台上莫漫夸，纵做到厚爵高官，得意无非俄顷事；眼前何足算，且看他抛盔卸甲，下场还是普通人。"

这副对联打动了捕头，他便对另几名捕快说："放这个人去吧，这人是个疯子。"

关汉卿就这样脱了险，他将这段经历写进了剧本里，使这段逸事流传下来。

被誉为中华国粹的对联

对联又称楹联或对子，是写在纸、布上或刻在竹子、木头、柱子上的对偶语句，其对仗工整，平仄协调，是一种独特的艺术形式。

华夏民族对以"两""对"的形式特征出现的事物一贯执着和迷恋。早在先秦时期，一些古籍中就出现了一些对句句式，如《易经·系辞》载有："乾道成男，坤道成女。乾知大始，坤作成物。乾以易知，坤以简能。"

成书于春秋时期的诗歌总集《诗经》，其对偶句式已十分丰富，如"青青子衿，悠悠我

楹联书法木刻

■ 门神神荼像

南朝梁 即南梁
（502年—557
年），我国历史
上南北朝时期南
朝四个朝代中的
第三个朝代，由
南齐萧衍取代齐
朝称帝，建都建
康。因萧衍封地
在古梁郡，故国
号为梁。因皇帝
姓萧，又称萧梁。
梁为唐朝所灭。

心。""山有扶苏，隰有荷花。"

道家著作《老子》中亦有类似的句式："有无相生，难易相成，长短相形，高下相倾，音声相和，前后相随。"这些对句尽管对得还不工整，但对偶形式已开始萌芽。

据传，古代东海度朔山有大桃树，桃树下有神荼、郁垒二神，主管万鬼，如遇作祟的鬼，他们就把它捆起来喂老虎。

后来，民间在过春节时，为驱避鬼怪，便在桃木板上画上神荼、郁垒两神像或写上两人的名字，这两个木神像或写上名字的桃木板被称作"桃符"。

孟昶是五代后蜀高祖孟知祥的第三个儿子，公元934年，后蜀高祖孟知祥病死后，孟昶继位成为后蜀的皇帝。

孟昶平日喜欢研习联语，对联语有一定的研究。公元964年春节到来之前，他忽然下了一道命令，要求群臣在"桃符板"上题写对句，以试才华。群臣们各自写好一副，耐心等待审查。孟昶一一看过，均不满意。于是他亲自提笔，在桃符板上写了"新年纳余庆；嘉节号长春"的对句。

"新年纳余庆；嘉节号长春"被认为是最早写在桃符板上的对偶句式，后来人们将这种写在桃符板上的对偶句式称为对联，但这种对联，在当时只是写在宽约一寸、长约七八寸的桃木板上，仍称"桃符"。

由于孟昶是在传统节日春节时题写的这副对联，因此，这副对联也被称为春联。

南朝梁文学家刘孝绰罢官不出，自题其门曰："闭门罢庆吊，高卧谢公卿。"其三妹令姻续曰："落花扫仍合，丛兰摘复生。"这虽是诗，但语句皆为骈俪，又题于门上，也当属于我国最早的对联。

辞赋兴起于汉代，是一种讲究文采和韵律的新兴文学样式。对偶这种具有整齐美、对比美、音乐美的修辞手法，开始被普遍而自觉地运用于赋的创作中，如司马相如的《子虚赋》中有："击灵鼓，起烽燧；车按行，骑就队。"

骈体文起源于东汉的辞赋，兴于魏晋，盛于南北朝。骈体文从其名称即可知，它是崇尚对偶，多由对偶句组成的文体。这种对偶句连续运用，又称排偶或骈偶。

律偶是格律诗中的对偶句。格律诗又称近体诗，正式形成于唐代。但其溯源，则始于魏晋。一般五、七言律诗，都是八句成章，中间二联称为颔联和颈联。标准的颔联和颈联必须对仗，句式、平仄、意思都要求相对。

对联这种讲究对仗平仄的文学形式，最终在对句、辞赋、排

155

多姿多彩

文体

■ 雍正书法

清世宗雍正·对联

竹影横窗知月上
花香入户觉春来

偶和律偶的基础上独立出来。

对联有固定的格式，它紧密结合居室有两个门框和一个门楣的特点，相应地由3部分组成：上联，第一句，也叫出句；下联，第二句，也称对句；横额，也叫横批或横披。上、下联是对联的主体，有合璧之妙，缺一不可。

另外，对联在实际运用中，上、下联文字不管多长，一般都没有标点，这也是格式上的一种特殊讲究。但也有例外。

到宋代，春节粘贴对联，已成为一种普遍风俗，如北宋文学大家王安石在他的《元日》诗中写道："千户万户瞳瞳日，总把新桃换旧符。"这里说的"桃符"，其意还是孟昶当时所书写的春联。

梁启超手书对联

据传，把"桃符"推广为春联，使其普及开来应归功于明太祖朱元璋。朱元璋定都金陵后，为了彰显明王朝的繁荣局面，在一次除夕来临前，朱元璋传旨：无论公卿士庶，每家门口都要粘贴一副春联。

除夕晚上，朱元璋微服出巡，他见到五彩缤纷的春联，感到非常惬意。当他走到一家百姓门口时，见没有贴出春联，他很奇怪，一打听，原来这家是以"阉猪"为业的，不好意思写春联贴上。

朱元璋精心思索，亲自给这家写出一副对联，对联是这样写的："双手劈开生死路；一刀割断是非根。"全联并未说出"阉猪"2字，但这个

"阆"字的含义却充分地体现出来了，而且全联对得工整、确切，曲而不浮，当真是好联。

第二天，朱元璋又来到这家门口察看，见门框上仍未贴出对联，他更觉得奇怪。当询问时，这家主人说："因这副对联是皇上的御笔，我贴到神龛上供起来了。"朱元璋一听大喜，当即赏给这家主人一些银钱。

由于皇帝亲自提倡春联，对联这一艺术形式就被广泛地应用于各种场合。不但婚丧喜庆使用它，一些名胜古迹、驿店茶亭、官署试院、楼台亭阁等处，也都普遍地使用它。对联就这样流传开了。

对联名目繁多，根据使用的地点及其用途的不同，可分为春联、寿联、挽联、贺联、名胜联、宅第联、答赠联、中堂联等。对联应用极广，一应大小事务，都有相应的对联品题赠答。

明太祖朱元璋画像

多姿多彩

文体

阅读链接

对联是我国古典文学形式的一种，具有独特的文学性和艺术性，它以诗、词、曲等前所未有的灵活和完美体现了我国文字的语言艺术风采。对联之美在于对称、对比和对立统一。

宋胡仔《苕溪渔隐丛话》后集卷二十引《复斋漫录》记载：北宋文学家晏殊一次邀王琪吃饭，谈起他一个上句"无可奈何花落去"，恨无下句。王琪应声对道"似曾相识燕归来"。晏殊大喜，于是把这个绝妙对句写进了《浣溪沙》一词。明代文学家杨慎称这个对句"二语工丽，天然奇偶"。这就是对联的艺术魅力。

以实用为主的应用文

应用文是人类在长期的社会实践活动中形成的一种文体，是人们传递信息、处理事务、交流感情的工具，有的应用文还用来作为凭证和依据。

传统应用文包含很广，主要包括公牍文即各类政府文件、书牍

■ 古代的简牍

■ 古人制作简牍情景

文、箴铭文和碑志文等。

　　"牍"在古代指书写用的木片。公牍文是指古代朝廷、官府通常使用的公事文书，简称"公文"，一般分为下行、上行及平行几类。

　　上行公文是下级部门对上级部门的一种行文。下行公文是上级部门对下级部门的一种行文，而平行公文则指同级部门之间的一种行文。

　　商代的甲骨刻辞是殷王室占卜时所刻的文字，它是有记载的最早公文。

　　春秋时期的《尚书》是我国最古的官方史书，原称《书》，到汉代改称《尚书》，意为上代之书。

　　《尚书》也是我国最早的散文总集。在这些散文之中，绝大部分应当属于当时的官府处理国家大事的公务文书，准确地讲，它是一部体例比较完备的公文总集。

甲骨刻辞 也叫刻辞甲骨，殷商占卜时多用龟甲和兽骨。其中龟甲称为卜甲，多用龟的腹甲；兽骨称为卜骨，多用牛的肩胛骨。卜甲和卜骨，合称为甲骨。甲骨刻辞就是在甲骨上契刻占卜文辞。

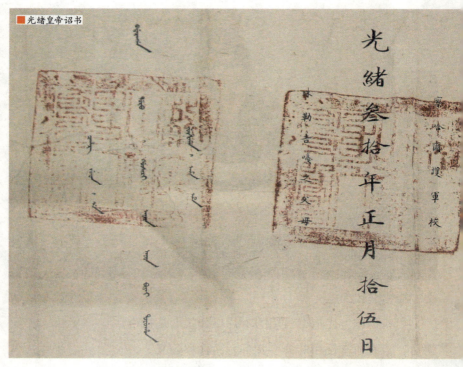

　　史书记载商代的公文还有册和典。简以狭长竹、木片作载体。把长短相间的简用皮条或丝绳上下两道编连起来，就成为册。把册保存起来就成为典。典册所载内容是当时史官的记录。

　　东晋后期，纸张首先被用作官府往来文书的载体，而诏令文书和重要奏疏的载体仍用竹、木简，到隋代竹、木简才废弃不用。此后，文书载体还曾使用金、玉、铜、铁、石、缣帛等物。

　　文书载体用纸以后，诏书用染黄纸，直至清末。明、清时期向上级官员祝贺的禀启用红纸，一般文书都用白纸。历代文书纸式幅面大小不一。

　　从元代开始，纸张载体采用折叠式，明代的奏疏沿用，称为本，其余文书用单幅纸。作为官员身份证的诰命文书用卷轴式。清初纸式仍沿明制。中叶以后除诏令文书和个别下行文种外，都改用折式。

皇帝制曰奮揚威武固資宣力之臣敷錫
寵光用表推恩之典爾護軍校桑魯普酒
察哈爾護軍校珠勒吉嘎之父躬修克
崁庭訓時勤爾門祚開祥早授豹韜之業
天家有慶聿頒鸞采之書茲以覃恩贈
爾為武畧騎尉錫之敕命於戲義方懋
著其教思果堪負荷休命用酬其欺穀
慰爾劬勞
制曰戎事宣勞每興懷於將毋王廷沛澤
爰錫類以榮親爾烏依特氏洒察哈爾
護軍校珠勒吉嘎之母克修壺則聿著
母儀教子矢忠蓋之忱兜鍪煥采酬庸
本庭幃之訓緰綍生光茲以覃恩贈爾

公文的种类称为文种。在秦代以前公文的文种没有专门的文种名称，统称为书，通常用文书载体的名称来区别它们的重要程度。春秋战国时期文书开始有了按使用目的加上的笼统称谓：刑法典称刑书，结盟文书称为盟书或载书，君王发布命令的文书称为命书，上级官员告诫属下的文书称为语书，等等。

秦代开始制定按不同文件责任者的身份等级和行文目的使用公文的专名，使公文区分为许多不同的种类。秦、汉以后形成的许多文种，可以概括为三大类：一是皇帝使用的各文种，称为诏令文书；二是臣僚上疏皇帝使用的各文种，称为奏疏；三是各官府相互行文使用的各文种，称为官府往来文书。

从唐代开始，国家对文种的名称有了明确的规定，以后宋、元、明、清各代也都有新的规定。

■ 康熙御批奏折

《汉书》又称
《前汉书》，由
东汉时期的历史
学家班固编撰，
是我国第一部纪
传体断代史。
《汉书》与《史
记》《后汉书》
《三国志》并称
为"前四史"。
《汉书》全书主
要记述了上起公
元前206年，下至
公元23年，共220
年的史事。《汉
书》包括纪十二
篇，表八篇，志
十篇，传七十
篇，计一百篇，
共八十万字。

　　清代规定的诏令文书文种名称有诏、诰、敕，是沿用明代文种；经常使用处理政务、告诫臣僚的文书称为谕旨，是新增的文种；制书在明代是文种名称，清代则只作为发布诏令的一种文体。

　　清代奏疏沿袭明制，使用奏本和题本，康熙年间又新增一种称为奏折，而奏本则在乾隆年间停止使用。明代官府往来文书下行文有札付、帖、照会、故牒等文种，上行文有咨呈、呈状、申状、牒呈、牒上等文种，平行文有咨、关、牒等文种。

　　清代基本上沿袭明制，并且把明代下行文经常使用的牌文定为法定文种，中叶以后又增添程式比较简便的札文作为下行文种之一，把明代上行文使用的呈状简称为呈，把申状分为评文和验文两种。

　　印章是古代公文的重要组成部分，文件责任者在公文的某个部位钤盖印章，作为文件生效的标志。

　　印章原称玺。公文钤盖印章，见于记载最早的是公元前6世纪春秋时期中叶，当时称为玺书。秦代规定玺作为皇帝印章的专称，用玉刻制。汉承秦制，皇帝、诸侯王、皇太后的印章称为玺，其余官员的印章称为印，或称为章。印章的字体，秦代开始用小篆，以后历代官印都用小篆。

公文文书盖印是文件生效的标志，所以一般诏令文书、奏疏和官府文书都盖有文件责任者的印章。

秦汉时，同辈平行交往的文书，称为"书"，有"书记""书说""书牍""疏""关""刺""解""牒""状"等众多提法，其内涵略有不同，但以书牍文统称。

作为日常生活中重要的人际交往的工具，古人对于书牍的书写十分重视。由于书牍运用范围相当广泛，各种场合下使用的书牍文，其用语、格式都有不同的程序和要求。在古代礼制规范下，针对不同对象、场合使用的书牍文，形成了相应的写作格式或行文规范。

箴铭文是指古代刻在器物上用来警戒自己、别人或者称述功德以自勉的文章。这类文章，内涵深刻、言简意赅，多有启迪的作用。

箴铭类文体早在先秦就已经存在并兴盛。《汉书·艺文志诸子略·道家类》载有《黄帝铭》6篇。

早期简短的铭箴类文体多为韵文，后来也有演进为散体文的。箴铭类文体主要包括箴、铭、诫、训等。

碑志文是古代记载死者生前事迹的文章。碑是墓碑，多写在碑前；志是

西周兴壶铭文

碑文

墓志，写在碑后，这类文章记述死者生平事迹，高度概括，用语极精简，而内涵丰富，言尽而意无穷。

碑志文起源于周穆王。《穆天子传》文曰："天子驱升至山，乃纪名迹于山。"

除了公牍文、书牍文、箴铭文、碑志文外，古代应用文还包括传状文、颂赞文等。

随着社会的发展，人们在工作和生活中的交往越来越频繁，事务也越来越复杂，因此应用文的功能也就越来越多了。

阅读链接

公文程式在称谓、用语等各方面都贯穿着等级制精神。据史书记载，秦、汉时期对公文程式已有规定。现存较完全的官方规定，有南宋宁宗嘉泰三年，即1203年颁行的《庆元条法事类》所载的宋代公文程式和《明会典》所载的明代公文程式，但它们都是为一般官员规定，而不列诏令文书程式。

明、清两代的文书程式基本相同，文字结构大体分为7个部分：文件责任者的官衔、姓名，事由，正文，结束语，受文者官府名称，行文年月日，文种名称和文件责任者签押。明、清公文程式中上级官员对下级行文，为了表示权威，还实行标朱制度，即用红笔填写行文日期，在文中的关键字样上用红笔圈点勾勒，用以揭示下级注意。

中华精神家园书系

古迹奇观
玉宇琼楼：分布全国的古建筑群
城楼古景：雄伟壮丽的古代城楼
历史开关：千年古城墙与古城门
长城纵览：古代浩大的防御工程
长城关隘：万里长城的著名关卡
雄关漫道：北方的著名古代关隘
千古要塞：南方的著名古代关隘
桥的国度：穿越古今的著名桥梁
古桥天姿：千姿百态的古桥艺术
水利古貌：古代水利工程与遗迹

山水灵性
母亲之河：黄河文明与历史渊源
中华巨龙：长江文明与历史渊源
江河之美：著名江河的文化源流
水韵雅趣：湖泊泉瀑与历史文化
东岳西岳：泰山华山与历史文化
五岳名山：恒山衡山嵩山的文化
三山美名：三山美景与历史文化
佛教名山：佛教名山的文化流芳
道教名山：道教名山的文化流芳
天下奇山：名山奇迹与文化内涵

自然遗产
天地厚礼：中国的世界自然遗产
地理恩赐：地质蕴含之美与价值
绝美景色：国家综合自然风景区
地质奇观：国家自然地质风景区
无限美景：国家自然山水风景区
自然名胜：国家自然名胜风景区
天然生态：国家综合自然保护区
动物乐园：国家动物自然保护区
植物王国：国家保护的野生植物
森林景观：国家森林公园大博览

西部沃土
古朴秦川：三秦文化特色与形态
龙兴之地：汉水文化特色与形态
塞外江南：陇右文化特色与形态
人类敦煌：敦煌文化特色与形态
巴山风情：巴渝文化特色与形态
天府之国：蜀文化的特色与形态
黔风贵韵：黔贵文化特色与形态
七彩云南：滇云文化特色与形态
八桂山水：八桂文化特色与形态
草原牧歌：草原文化特色与形态

东部风情
燕赵悲歌：燕赵文化特色与形态
齐鲁儒风：齐鲁文化特色与形态
吴越人家：吴越文化特色与形态
两淮之风：两淮文化特色与形态
八闽魅力：福建文化特色与形态
客家风采：客家文化特色与形态
岭南灵秀：岭南文化特色与形态
潮汕之根：潮州文化特色与形态
滨海风光：琼州文化特色与形态
宝岛台湾：台湾文化特色与形态

中部之魂
三晋大地：三晋文化特色与形态
华夏之中：中原文化特色与形态
陈楚风韵：陈楚文化特色与形态
地方显学：徽州文化特色与形态
形胜之区：江西文化特色与形态
淳朴湖湘：湖湘文化特色与形态
神秘湘西：湘西文化特色与形态
瑰丽楚地：荆楚文化特色与形态
秦淮画卷：秦淮文化特色与形态
冰雪关东：关东文化特色与形态

节庆习俗
普天同庆：春节习俗与文化内涵
张灯结彩：元宵习俗与彩灯文化
寄托哀思：清明祭扫与寒食习俗
粽情端午：端午节与赛龙舟习俗
浪漫佳期：七夕节俗与妇女乞巧
花好月圆：中秋节俗与赏月之风
九九踏秋：重阳节俗与登高赏菊
千秋佳节：传统节日与文化内涵
民族盛典：少数民族节日与内涵
百姓聚欢：庙会活动与赶集习俗

民风根源
血缘脉系：家族家谱与家庭文化
万姓之根：姓氏与名字号及称谓
生之由来：生庚生肖与寿诞礼俗
婚事礼俗：嫁娶礼俗与结婚喜庆
人生遵俗：人生处世与礼俗文化
幸福美满：福禄寿喜与五福临门
礼仪之邦：古代礼制与礼仪文化
祭祀庆典：传统祭典与祭祀礼俗
山水相依：依山傍水的居住文化

衣食天下
衣冠楚楚：服装艺术与文化内涵
凤冠霞帔：佩饰艺术与文化内涵
丝绸锦缎：古代纺织精品与布艺
绣美中华：刺绣文化与四大名绣
以食为天：饮食历史与筷子文化
美食中国：八大菜系与文化内涵
中国酒道：酒历史酒文化的特色
酒香千年：酿酒遗址与传统名酒
茶道风雅：茶历史茶文化的特色

国风美术
丹青史话：绘画历史演变与内涵
国画风采：绘画方法体系与类别
独特画派：著名绘画流派与特色
国画瑰宝：传世名画的绝色魅力
国风长卷：传世名画的大美风采
艺术之根：民间剪纸与民间年画
影视鼻祖：民间皮影戏与木偶戏
国粹书法：书法历史与艺术内涵
翰墨飘香：著名书法名作与艺术
行书天下：著名行书精品与艺术

汉语之魂
汉语源流：汉字汉语与文章体类
文学经典：文学评论与作品选集
古老哲学：哲学流派与经典著作
史册汗青：历史典籍与文化内涵
统御之道：政论专著与文化内涵
兵家韬略：兵法谋略与文化内涵
文苑集成：古代文献与经典专著
经传宝典：古代经传与文化内涵
曲苑音坛：曲艺说唱项目与艺术
曲艺奇葩：曲艺伴奏项目与艺术

博大文学
神话魅力：神话传说与文化内涵
民间相传：民间传说与文化内涵
英雄赞歌：四大英雄史诗与内涵
灿烂散文：散文历史与艺术特色
诗的国度：诗的历史与艺术特色
词苑漫步：词的历史与艺术特色
散曲奇葩：散曲历史与艺术特色
小说源流：小说历史与艺术特色
小说经典：著名古典小说的魅力

歌舞共娱

古乐流芳：古代音乐历史与文化
钧天广乐：古代十大名曲与内涵
八音古乐：古代乐器与演奏艺术
鸾歌凤舞：古代大曲历史与艺术
妙舞长空：舞蹈历史与文化内涵
体育古项：体育运动与古老项目
民俗娱乐：民俗运动与古老项目
刀光剑影：器械武术种类与文化
快乐游艺：古老游艺与文化内涵
开心棋牌：棋牌文化与古老项目

戏苑杂谈

梨园春秋：中国戏曲历史与文化
古戏经典：四大古典悲剧与喜剧
关东串苗：东北戏曲种类与艺术
京津大戏：北京与天津戏曲艺术
燕赵戏苑：河北戏曲种类与艺术
三秦戏苑：陕西戏曲种类与艺术
齐鲁戏台：山东戏曲种类与艺术
中原曲苑：河南戏曲种类与艺术
江淮戏话：安徽戏曲种类与艺术

梨园谱系

苏沪大戏：江苏上海戏曲与艺术
钱塘戏话：浙江戏曲种类与艺术
荆楚戏台：湖北戏曲种类与艺术
潇湘梨园：湖南戏曲种类与艺术
滇黔好戏：云南贵州戏曲与艺术
八桂梨园：广西戏曲种类与艺术
闽台戏苑：福建戏曲种类与艺术
粤琼戏话：广东戏曲种类与艺术
赣江好戏：江西戏曲种类与艺术

科技回眸

创始发明：四大发明与历史价值
科技首创：万物探索与发明发现
天文回望：天文历史与天文科技
万年历法：古代历法与岁时文化
地理探究：地学历史与地理科技
数学史鉴：数学历史与数学成就
物理源流：物理历史与物理科技
化学方程：化学历史与化学科技
农学春秋：农学历史与农业科技
生物寻古：生物历史与生物科技

千秋教化

教育之本：历代官学与民风教化
文武科举：科举历史与选拔制度
教化于民：太学文化与私塾文化
官学盛况：国子监与学宫的教育
朗朗书院：书院文化与教育特色
君子之学：琴棋书画与六艺课目
启蒙经典：家教蒙学与文化内涵
文房四宝：纸笔墨砚及文化内涵
刻印时代：古籍历史与文化内涵
金石之光：篆刻艺术与印章碑石

传统美德

君子之为：修身齐家治国平天下
刚健有为：自强不息与勇毅力行
仁爱孝悌：传统美德的集中体现
谦和好礼：为人处世的美好情操
诚信知报：质朴道德的重要表现
精忠报国：民族精神的巨大力量
克己奉公：强烈使命感和责任感
见利思义：崇高人格的光辉写照
勤俭廉政：民族的共同价值取向
笃实宽厚：宽厚品德的生活体现

文化标记

龙凤图腾：龙凤崇拜与舞龙舞狮
吉祥如意：吉祥物品与文化内涵
花中四君：梅兰竹菊与文化内涵
草木有情：草木美誉与文化象征
雕塑之韵：雕塑历史与艺术内涵
壁画遗韵：古代壁画与古墓丹青
雕刻精工：竹木骨牙角匏与工艺
百年老号：百年企业与文化传统
特色之乡：文化之乡与文化内涵

悠久历史

古往今来：历代更替与王朝千秋
天下一统：历代统一与行动韬略
太平盛世：历代盛世与开明之治
变法图强：历代变法与图强革新
古代外交：历代外交与文化交流
选贤任能：历代官制与选拔制度
法治天下：历代法制与公正严明
古代税赋：历代赋税与劳役制度
三农史志：历代农业与土地制度
古代户籍：历代区划与户籍制度

历史长河

兵器阵法：历代军事与兵器阵法
战事演义：历代战争与著名战役
货币历程：历代货币与钱币形式
金融形态：历代金融与货币流通
交通巡礼：历代交通与水陆运输
商贸纵观：历代商业与市场经济
印纺工业：历代纺织与印染工艺
古老行业：三百六十行由来发展
养殖史话：古代畜牧与古代渔业
种植细说：古代栽培与古代园艺

杰出人物

文韬武略：杰出帝王与励精图治
千古忠良：千古贤臣与爱国爱民
将帅传奇：将帅风云与文韬武略
思想宗师：先贤思想与智慧精华
科学鼻祖：科学精英与求索发现
发明巨匠：发明天工与创造英才
文坛泰斗：文学大家与传世经典
诗神巨星：天才诗人与妙笔华篇
画界巨擘：绘画名家与绝代精品
艺术大家：艺术大师与杰出之作

信仰之光

儒学根源：儒学历史与文化内涵
文化主体：天人合一的思想内涵
处世之道：传统儒家的修行法宝
上善若水：道教历史与道教文化

强健之源

中国功夫：中华武术历史与文化
南拳北腿：武术种类与文化内涵
少林传奇：少林功夫历史与文化